GOLDMANN
ARKANA

Buch

»Verfange dich nicht in Theorien oder Gedankenspielen – koste lieber direkt von der Wahrheit. Statt darüber zu spekulieren, ob eine Wassermelone reif ist oder nicht, schneide sie auf und probiere einen Bissen.« So anschaulich und überraschend einfach sind die Lehren der Zen-Meisterin Daehaeng, aber auch so konsequent, direkt und für die Menschen des westlichen Kulturkreises so ungewohnt.

In knappen, prägnanten Kapiteln erklärt die charismatische Zen-Meisterin die grundlegenden Prinzipien (Wer bin ich? Was ist die Buddhanatur? Was ist das Wesen der Wahrheit?) und führt anhand vieler anschaulicher Beispiele in die buddhistische Praxis ein. Denn den Weg des Buddha kann man nur im täglichen Leben erfahren. Das Ziel dieser Lehren ist die praktische Anwendung, nicht das intellektuelle Wissen. In Wahrheit ist alles, so wie es ist, bereits vollkommen. Unsere Buddhanatur ist bereits in uns, und wir brauchen nichts weiter zu wissen, um zu erwachen.

Autorin

Die in Korea hoch geachtete Zen-Meisterin Daehaeng Kunsunim wurde 1927 als erste Tochter eines Offiziers der kaiserlich-koreanischen Armee in der Zeit der japanischen Besetzung Koreas geboren. Unter der japanischen Fremdherrschaft verlor die Familie ihren gesamten Besitz und lebte fortan in äußerster Armut. Mit 24 Jahren wurde Daehaeng zur buddhistischen Nonne ordiniert. Kurz darauf ging sie, ihrer inneren Stimme folgend, in die Berge und lebte zwölf Jahre völlig auf sich allein gestellt in der Natur. Schließlich beschloss sie aus Mitgefühl, wieder zu den leidenden Menschen zurückzukehren, um sie zu unterweisen und ihnen zu helfen. 1972 gründete sie in Anyang, in der Nähe von Seoul, das Hanmaum Seon Zentrum, wo sie bis heute lebt. Heute zählt sie zu den wichtigsten Stimmen des koreanischen Zen. Seit 1996 besteht auch ein Hanmaum Zen-Zentrum in Kaarst bei Düsseldorf.

Von Daehaeng Kunsunim ist bei Arkana außerdem erschienen:

Wie fließendes Wasser (21819)

Vertraue und lass alles los

Unterweisungen der koreanischen Zen-Meisterin Daehaeng

Übersetzt von Haejin Sunim
und dem Hanmaum-Team

GOLDMANN
ARKANA

Die amerikanische Originalausgabe erschien 2007 unter dem Titel »No River to Cross« bei Wisdom Publications, Boston, Mass., USA.
Für die Übersetzung mitherangezogen wurde die koreanische Originalausgabe »Hanmaum Yojeon« (Die Lehren von Hanmaum), erschienen 1993 im Verlag der Hanmaum Seonwon Foundation, Anyang, Korea.

FSC
Mix
Produktgruppe aus vorbildlich bewirtschafteten Wäldern und anderen kontrollierten Herkünften
Zert.-Nr. SGS-COC-1940
www.fsc.org
© 1996 Forest Stewardship Council

Verlagsgruppe Random House FSC-DEU-0100
Das FSC-zertifizierte Papier *München Super* für dieses Buch liefert Arctic Paper Mochenwangen GmbH.

1. Auflage

Deutsche Erstausgabe April 2010

Umschlaggestaltung: UNO Werbeagentur, München
Umschlagmotiv: getty images/Trinette Reed
Redaktion: Gerhard Juckoff
WL · Herstellung: CB
Satz: EDV-Fotosatz Huber/Verlagsservice G. Pfeifer, Germering
Druck: GGP Media GmbH, Pößneck
Printed in Germany
ISBN: 978-3-442-21891-2

www.arkana-verlag.de

Inhalt

Geleitwort

»Ich gehe mit dem Wind, und der Wind hat nun eben Deutschland erreicht«, so antwortete Zen-Meisterin Daehaeng Kunsunim 1999 auf die Frage einer Journalistin, warum sie ausgerechnet in Deutschland eine öffentliche Unterweisung geben möchte. Obwohl sie völlig unbekannt war, kamen zur öffentlichen Lehrrede mehr als 2000 Interessierte. Dicht gedrängt saßen die Menschen in und vor der Stadthalle in Ratingen. Zen-Meisterin Daehaeng beendete damals ihre einstündige Unterweisung mit den Worten: »Wenn es möglich ist, dann möchte ich mit Ihnen im Herzen eins sein, und ich hoffe, dass Sie diese Wahrheit erkennen und beim nächsten Mal sagen können, Ihr Leben ist dadurch freier geworden.«

Nun hat der Wind Daehaeng Kunsunims Worte abermals nach Europa geweht, und ich wünsche mir, dass dieses Buch Sie in der Suche nach einer Antwort auf die Frage »Wer bin ich?« unterstützt und ermutigt. Möge *Vertraue und lass alles los* zu einem Kompass für Sie werden, der Ihnen auch in schwierigen Situationen den Weg weist.

Haejin Sunim
Hanmaum Zen-Zentrums* in Kaarst

---

* www.hanmaum-zen.de

Wenn der Wind weht
erklingt die Glocke
Wenn sich dein Herz öffnet,
antwortet das ganze Universum.

Daehaeng Kunsunim

© The Hanmann Seonwon Foundation

Zen-Meisterin Daehaeng Kunsunim

Vorwort

Weibliche Ordinierte haben in der Vergangenheit wichtige Beiträge zum koreanischen Buddhismus geleistet und tun dies auch heute noch. Unverständlicherweise finden sie so gut wie keine Beachtung. Die Archive der buddhistischen Tempel Koreas enthalten nur wenige Informationen über ihre Aktivitäten.

Einige erste Anzeichen für das Wirken buddhistischer Nonnen gibt es zur Zeit der Silla-Dynastie (57 v. Chr. - 935), ein wenig mehr über buddhistische Frauen im Allgemeinen findet sich während des goldenen Zeitalters des Buddhismus unter der Goryeo-Dynastie (935 - 1392), so gut wie nichts wird während der Joseon-Ära (1392 - 1910) berichtet, als Frauen unter einem tyrannischen Gesellschaftssystem litten und der Buddhismus der Verfolgung durch den Konfuzianismus ausgesetzt war.

Trotz dieser scheinbaren Unsichtbarkeit haben die buddhistischen Nonnen Koreas gerade im letzten Viertel des 20. Jahrhunderts enorme Anstrengungen unternommen, ihre Situation zu verbessern und ihre Traditionen weiterzuentwickeln. Und in der jetzigen Generation von bedeutenden Nonnen strahlt kein Stern heller als der von Daehaeng Kunsunim; es gibt in der Tat keine andere Nonne, die mehr Einfluss sowohl auf den größten koreanischen Zenorden als auch auf die gesamte koreanische Gesellschaft hat.

Im zeitgenössischen koreanischen Buddhismus ist Daehaeng Kunsunim eine der berühmtesten und höchst geachteten Persönlichkeiten und zweifellos eine der einflussreichsten Nonnen, die jemals in der Tradition aktiv waren. Daehaeng Kunsunim genießt eine hohe Reputation als Zen-Meisterin, verbrachte sie doch viele Jahre ihrer Suche nach Erkenntnis tief in den Bergen Koreas, bevor sie zu lehren begann. Als eine Lehrerin von tiefer Einsicht und tiefem Mitgefühl wird sie in ganz Korea geschätzt. Tausende von Nonnen, Mönchen und Laien hat sie in der Zeit ihres Wirkens bis heute geführt. Zu ihren Schülern gehören – recht ungewöhnlich – auch zahlreiche Mönche, etwas, von dem man zuvor noch nie gehört hatte, da Nonnen in der klösterlichen Tradition den Mönchen untergeordnet sind. Die Organisation, die sie vor über drei Jahrzehnten begründet hat, das Hanmaum Zen-Zentrum, hat sich zu einer der einflussreichsten buddhistischen Institutionen Koreas entwickelt mit über 15 inländischen und zehn ausländischen Zentren.

Daehaeng Kunsunims Fähigkeit, ein großes Publikum sowohl von ordinierten als auch von Laien-Buddhisten zu erreichen, ist in dieser Anthologie *Vertraue und lass alles los* hervorragend dokumentiert. Ihre Lehrmethode ist auf entwaffnende Weise einfach und zugleich bemerkenswert tief. Sie ist vielerorts bekannt für ihre Einsicht in das Wesen des Menschen und für ihre Fähigkeit, diese Einsicht so zu offenbaren, dass ihre Unterweisungen genau mit den Bedürfnissen ihrer Zuhörer in Einklang stehen. Wie traditionelle indische Sutren sind Daehaeng Kunsunims Unterweisungen in diesem Buch so aufgebaut, dass sie für Anfänger wie auch für Fortgeschrittene gleichermaßen leicht zugänglich sind. Die Zen-Meisterin zeigt sich in dieser Sammlung als eine der schöpferischsten und verständlichsten buddhistischen Stimmen des heutigen Korea – fähig, selbst das Alltäglichste als Mahlgut für die Mühle buddhistischer Unterweisung und Praxis zu nutzen.

Robert Buswell
Direktor des Center for Buddhist Studies
University of California, Los Angeles

Kurze Biografie von Daehaeng Kunsunim

Daehaeng Kunsunim* wurde 1927 in einer aristokratischen Familie Koreas geboren. Der Status der Familie gewährte ihr ursprünglich ein wohlhabendes Leben, doch zur Zeit von Sunims Geburt war ihre Lage äußerst unsicher. Die Bestrebungen des japanischen Kaiserreichs, Korea zu kolonialisieren, hatten 1904 zu einer militärischen Besetzung des Landes geführt, die nach und nach immer grausamer wurde und das koreanische Volk brutal unterdrückte. Sunims Vater, ein hochrangiger Offizier am Hofe des letzten koreanischen Kaisers, war am Widerstand gegen die japanischen Besatzer maßgeblich beteiligt. Infolgedessen beschlagnahmte die japanische Militärregierung, als Sunim sechs Jahre alt war, das Haus der Familie und all ihre Besitztümer und Ländereien. Sie flohen nur mit den Kleidern, die sie am Leibe trugen – wenige Minuten, bevor die japanische Geheimpolizei kam. Die Familie überquerte den Han-Fluss und baute sich eine

---

* *Sunim* ist die respektvolle koreanische Bezeichnung einer zen-buddhistischen Nonne oder eines Mönchs. *Kunsunim* ist die höfliche Anrede einer sehr alten Nonne/eines sehr alten Mönchs und kann darüber hinaus auch für eine Nonne oder einen Mönch verwendet werden, die Erleuchtung erlangt haben oder in anderen Aspekten der zen-buddhistischen Praxis außergewöhnlich sind. Daehaeng Kunsunims bürgerlicher Name lautete No. Der Einfachheit halber wird sie im Folgenden immer als »Sunim« oder »Daehang Kunsunim« bezeichnet.

notdürftige Hütte in den Bergen südlich von Seoul. Für lange Zeit war ihre einzige Nahrung, was sie erbetteln konnten oder was nach der Ernte auf den Feldern übrig blieb.

Die unbarmherzige Unterdrückung durch die japanische Kolonialmacht, der Zusammenbruch des koreanischen Hofes und die elende Lage der Familie erfüllten Sunims Vater mit Verzweiflung und Ohnmacht. Obwohl ihr Vater immer freundlich und hilfsbereit zu anderen war, ließ er aus irgendeinem Grund all seine Wut und Verbitterung an Sunim, seiner ältesten Tochter, aus. Verwirrt und unfähig zu verstehen, was passierte, blieb Sunim der kleinen Hütte so oft wie möglich fern. Auch wenn die Dunkelheit und die seltsamen Geräusche der Nacht sie mit Furcht erfüllten, begann sie im Wald zu schlafen. Sie bedeckte sich mit Blättern, um sich warm zu halten.

Zwei Jahre des Hungers und der Kälte waren vergangen, und Sunim war in der Zwischenzeit acht Jahre alt. Obwohl ihr Leben unverändert hart war, begann sie sich innerlich ganz anders zu fühlen. Früher machte es ihr Angst, sich nachts in den Bergen und Wäldern aufzuhalten, doch nun fühlte sich die Dunkelheit warm, gemütlich und schön an. Im Wald gab es keinen Unterschied zwischen Arm und Reich, Hoch und Niedrig; im Wald unterstützten sich alle Lebewesen gegenseitig und lebten harmonisch zusammen. Im Vergleich dazu schien die Welt draußen erfüllt von Ungleichheit und Leiden.

Wohin sie auch blickte, es schien, als wären die Menschen nur geboren, um zu leiden. Alle lebten nur für sich allein und verbrachten ihre Zeit mit scheinbar Belanglosem, bis sie krank wurden und starben. War das alles, was ein Leben ausmachte? Was für einen Sinn hatte eine solche Existenz? Intuitiv nahm sie wahr, dass da mehr war, etwas Wesentliches, das sie mit ihren Augen nicht sehen konnte. Aber was war das? Ganze Tage an einen Felsen oder einen Baum gelehnt, verbrachte sie damit, über diese Frage nachzudenken, und wünschte sehnlichst zu erkennen, wer sie – Sunim – hervorgebracht hatte.

Je älter sie wurde, umso stärker wurde ihr Verlangen, eine Antwort auf diese Frage zu finden. Manchmal war ihr Verlangen so stark, dass sie dachte, es wäre besser zu sterben, als ohne eine Antwort weiterzuleben. Während dieses Fragen sie verzehrte, war der Wald eine Quelle des Friedens und der Geborgenheit, die sie am Leben erhielten.

Eines Tages fand sie urplötzlich, wonach sie gesucht hatte: Es war bereits in ihr und war immer schon in ihr gewesen. Es war so warm, so erfüllend, dass sie es »Appa« nannte, was »Papa« bedeutet. Das war nicht der physische Vater, dem sie nicht unter die Augen zu treten wagte, nicht jener Vater, der nicht die geringste Liebe für sie zu haben schien; es war die ihr innewohnende Natur, die sie hervorgebracht hatte, ihre wahre Natur, der wahre Schöpfer. Sie weinte und weinte, »Papa! Papa!« ausrufend, ganz erfüllt von der Freude, zu wissen, dass ihr wahrer Vater, die ihr innewohnende Natur, immer bei ihr gewesen war.

Jahre später lachte Sunim darüber und sagte: »Wäre ich nicht so jung und ungebildet gewesen, hätte ich es vielleicht

Buddhanatur oder wahres Selbst genannt, aber zu dieser Zeit wusste ich nur, dass mich vollkommene Liebe und Wärme erfüllten – so nannte ich es einfach ›Papa‹. Ich nahm ›Papa‹, das, was ich in mir fühlte, als meinen Vater.«

Auch wenn sie nicht genau verstand, was es war, nahm sie »Papa« als ihren Ort der Geborgenheit und ließ all ihre Liebe da hineinströmen. Wann immer sie leise »Papa« rief, war es, als wenn all die Felsen, Bäume, Tiere und Lebewesen zu innigen Freunden würden, so vertraut, dass es schien, als atmeten sie alle als eins.

Irgendwie wusste Sunim, dass »Papa« alle ihre Fragen beantworten konnte, und so verließ sie sich vollkommen auf ihn. Sie tat das auf völlig natürliche Art und Weise, immer bestrebt, sich nicht auf Dinge außerhalb ihres wahren Selbst zu verlassen. Es war unfassbar, dass sie, die nichts besaß, den unendlichen Geschmack des Dharma kosten durfte.

Sunim fühlte, dass »Papa«, die ihr innewohnende Natur, kostbarer war als alles in der Welt, und sie hielt daran fest: »Ich will dich sehen!« Die Antwort kam tief aus ihrem Inneren und formte den Gedanken: »Schau in den Spiegel, ich bin da.« Aber ganz gleich, wie oft oder wie lange sie in den Spiegel schaute, das Einzige, was sie sah, war ihr eigenes Gesicht. Nichts anderes. Sie war völlig verwirrt. Niemals hatte sie irgendwelche Unterweisungen gehört oder Sutren studiert, und sie verstand nicht, was sie erlebte.

Später erinnerte sich Sunim: »Auch wenn ich zu dieser Zeit fast 18 Jahre alt war, konnte ich die wahre Bedeutung dessen, was ich erlebte, noch immer nicht verstehen.«

Nachdem Korea 1945 befreit wurde, folgte Sunim ihrer inneren Stimme und brach in die Odae-Berge auf. In diesen Bergen lebte der große Zen-Meister Hanam Sunim, dem sie schon als kleines Mädchen begegnet war. Damals hatte sie eine Zeitlang bei ihrem Onkel gelebt, der in dieser Gegend wohnte und oft zum Tempel ging, um Hanam Sunim zu besuchen.

Daehaeng Kunsunim erinnert sich: »Ich wusste nicht, dass er ein solch hoher Würdenträger war und so ehrenvolle Titel trug wie ›Großer Sunim‹, ›Großer Zen-Meister‹ und ›Höchste Weisheit‹. Er war das Oberhaupt des gesamten Chogye-Ordens, aber für mich war er derjenige, der mit mir spielte und mir geröstete Reiskekse zusteckte, wenn niemand schaute. Er gab denen, die arm und leidend waren, Liebe und Mitgefühl, da sie schon genug ertragen mussten. Denen, in deren Augen das Verlangen leuchtete, die Wahrheit zu finden, gab er Weisheit und Ermutigung. Ganz gleich, wer man war – jeder konnte ihm ohne falsche Scheu begegnen. Seine Worte klangen ganz normal, aber sie waren von außerordentlich tiefer Bedeutung. In seiner großen Erleuchtung war er warmherzig und friedvoll wie ›Papa‹.«

Nach ihrer Ankunft in den Odae-Bergen wurde Sunim Novizin. Sie ließ sich von Hanam Sunim die Haare abschneiden und begab sich zu einer nahe gelegenen Meditationshalle für *Bhikshuni*[1]-Sunims. Nachdem sie mehrere Tage in Meditation gesessen hatte, fühlten sich ihre Knie an, als müssten sie zerbrechen.

Plötzlich tauchte ein Gedanke auf: »Warum zerstöre ich den Karren auf diese Weise? Warum nicht stattdessen den

Ochsen zügeln?« Später erklärte sie: »Stellen Sie sich den Karren mit dem Ochsen vor, der ihn zieht. Sollten Sie den Karren schlagen, wenn Sie vorwärtskommen wollen? Nein. Nehmen Sie einfach den Ochsen an seinem Nasenring und führen Sie ihn sanft weiter.«

So verließ sie die Meditationshalle und kehrte in den Wald zurück. Vertieft in ihre Praxis, gab es für sie weder das Einhalten noch das Nichteinhalten der Gebote, weder das Scheren der Haare noch das Tragen langer Haare – da war einzig und allein das Nach-innen-Gerichtetsein.

Im Frühling des Jahres 1950 wurde Sunim als *Samini*[2] ordiniert. Hanam Sunim, der erneut Sunims Haar abschnitt, fragte: »Nun, wer ist gerade ordiniert worden?«

Sunim antwortete: »Da ist kein Augenblick, in dem Sie Ordination gegeben haben, da ist kein Augenblick, in dem ich ordiniert wurde. Ein Kranich fliegt über einen blauen Berg.«

Hanam Sunim sagte: »Du musst sterben, dann wirst du dich selbst erkennen.«

Sunim antwortete: »Wo ist das Selbst, das sterben muss, und wo ist das Selbst, das töten muss?«

Er fragte weiter: »Wo ist dein Geist?«

Sunim antwortete: »Sie müssen durstig sein. Bitte trinken Sie etwas Wasser.«

Schließlich fragte Hanam Sunim: »Wenn ich ein Magnet wäre und du wärst ein Nagel, was würde geschehen?«

Sunim antwortete: »Der Nagel wird auch ein Magnet werden.«

Hanam Sunim war sehr zufrieden: »Ausgezeichnet! Nun gehe deinen eigenen Weg.«

Kurz nach ihrer Ordination brach der Koreakrieg aus, und das Land versank im Chaos. Wenige Monate später verließ Hanam Sunim friedvoll seinen Körper. Er war 75 Jahre alt und über fünfzig Jahre ein Schüler Buddhas gewesen.

Nachdem sie Hanam Sunim Lebewohl gesagt hatte, führte Daehaeng Kunsunims Weg sie in die Hafenstadt Busan. Dort verbrachte sie das folgende Jahr. Sie eröffnete ein kleines Restaurant für die Hafenarbeiter und armen Leute. Nebenbei arbeitete sie als Näherin, die aus Militäruniformen Alltagskleidung herstellte. Obwohl Sunim Situationen der Not kannte, war das grenzenlose Leid der Menschen um sie herum fast nicht zu ertragen. Auch wenn es ihr gelang, viele Menschen zu ernähren und zu kleiden, wuchs doch das Gefühl in ihr, dass die Hilfe, die sie den Menschen durch materielle Güter geben konnte, begrenzt war.

Sie erkannte, dass sie ihre gewonnenen Erkenntnisse vertiefen musste – so verließ sie Busan und das Leben, das sie sich dort aufgebaut hatte. Nicht zufrieden mit dem, was sie bislang verstanden hatte, fragte sie weiter: »Was ist der Sinn des Lebens? Warum müssen die Menschen so leiden? Warum bin ich hier?« Ohne zu essen und zu trinken, übte sie ununterbrochen Tag und Nacht, aber die einzige Antwort war: »Du musst sterben, dann wirst du dich selbst erkennen.« Sie hatte diese rätselhafte Antwort bereits tief ergründet, doch sie wusste, sie musste noch tiefer gehen. Während ihre Füße sie kreuz und quer durch das Land trugen, war ihre ganze Energie nur diesem einen Gedanken gewidmet, den sie mit all ihrer Kraft zu durchdringen suchte. Ihr Verlangen, die endgültige Antwort auf dieses »Du musst sterben, dann wirst du dich selbst erkennen« zu finden, war so groß, dass ihr Leben ohne diese Antwort sinnlos erschien. In ihrer Entschlossenheit, eine Antwort zu erhalten, versuchte sie mehrmals, sich das Leben zu nehmen. Es misslang jedoch jedes Mal.

Sunim wanderte in Gedanken vertieft umher, um an einem abgeschiedenen Ort würdevoll zu sterben. Niemand müsste sich dann um ihren toten Körper kümmern. Eines Tages führte sie ihr Weg auf einen Felsen, der hoch über den Han-Fluss ragte. Während sie auf das Wasser hinunterblickte, vergaß sie augenblicklich alles Sterben und erreichte den Zustand der tiefen Versenkung, der *Samadhi*[3] genannt wird. Nahezu einen halben Tag verbrachte sie dort stehend und blickte auf das Wasser. Dies war der Moment, in dem sich ihre tiefste Frage auflöste. Sie erkannte die Einheit von »Papa«; dem Fluss und sich selbst. Der Fluss war »Papa«, sie selbst und ihr Spiegelbild waren ebenfalls »Papa«. In diesem Moment kam ihr die Einsicht: »Wir können ›Papa‹ nicht durch das Wegwerfen des Körpers erkennen; er ist dieser Fluss und eins mit mir.«

Plötzlich aus diesem Zustand tiefster Versenkung erwachend, strömten ihre Tränen in einem fort. Sie gewahrte: »Meine Tränen müssen die Tränen sein, die ein Ozean werden können, ein Ozean, den ich vollständig austrinke.« Sie weinte Tränen der Freude, da sie nun erkannt hatte, wie sie weitergehen musste. Ihre Tränen waren nicht die Tränen eines vorübergehenden Mitgefühls, es waren die Tränen, die durch wahrhaftes Einswerden mit den Leiden und Nöten der Lebewesen entstehen. Die Erfahrung der Einheit und die Erkenntnis, dass im Ursprung sie und die leidenden Wesen in Nichtzweiheit existierten und somit eins waren, gaben ihr die Möglichkeit, den Menschen und sogar der Erde wirklich zu helfen.

Weitere zehn Jahre verbrachte sie in den Bergen. Sie verglich sich niemals mit anderen und begnügte sich nicht mit dem, was sie erkannt hatte. Stattdessen ging sie einfach weiter und bemühte sich aufrichtig, ihre Erkenntnisse in die Tat umzusetzen und mit ihnen zu experimentieren, ohne an einer Erfahrung zu haften. Durch ihr wahres Selbst überprüfte sie all ihre Erkenntnisse und Erfahrungen. Völlig unbesorgt, wie es ihrem Körper dabei ging, folgte sie bedingungslos ihrem wahren Selbst.

Wenn sie hungrig war, aß sie Pflanzen und Gräser, die gerade in ihrer Nähe waren. Manchmal fand sie Wildfrüchte oder Pilze, und einmal gab ihr ein Bauer ein paar getrocknete Bohnen. Sie verbrachte einige Winter unter Kiefern oder in einer Sandgrube in der Nähe eines zugefrorenen Flusses. Während mancher dieser Winter hatte sie nichts anderes anzuziehen als ein paar dünne Sommerkleider. Abgemagert bis auf die Knochen, die Haut übersät von Schrunden und Narben, das Haar mit einer Pfeilwurzelranke zu einem Knoten zusammengebunden, war ihre äußere Erscheinung gezeichnet vom ungeschützten Leben in der Natur. Aber die Menschen, denen sie begegnete, waren vom Leuchten ihrer strahlenden Augen tief bewegt.

Diese Jahre der Askese mussten anderen als eine unendlich leidvolle Zeit erscheinen. Sunim selbst empfand dies nie so. Sie hatte es niemals darauf angelegt, absichtlich physische Not zu erfahren – ihre Aufmerksamkeit galt einzig und allein der Ergründung ihrer wahren Natur.

Für Sunim war so etwas wie Loslassen oder Nichtloslassen ohne Bedeutung. Ihr ganzes Bewusstsein war auf den Urgrund gerichtet, der sie erschaffen hatte. Den Dingen, die von außen kamen, schenkte sie keinerlei Beachtung; sie schaute ausschließlich auf das, was ihr wahres Selbst im Inneren berührte. Es war, als säße sie still auf einer Wiese und betrachtete alles mit einem friedvollen Geist. Über ein Jahr lang war selbst die Anstrengung, zu denken, störend für sie. Auch wenn Fragen auftauchten, kämpfte sie nicht mit ihnen. Sie nahm sie an und übergab alles vertrauensvoll ihrem Ursprung. Während sie so übte, tauchten Lösungen manchmal urplötzlich auf, und manchmal kamen sie viel später als erwartet.

Fragen erschienen im Inneren wie: »Warum ist einer deiner Füße größer als der andere?« Wenn Sunim jedoch auf ihre Füße hinunterblickte, waren sie beide gleich groß! Beim Betrachten solcher Fragen geriet sie oft in tiefe Versenkung, ohne davon Notiz zu nehmen, ob es dunkel wurde oder wie kalt es war. Sie nahm sich nicht vor, auf diese Weise zu üben, es geschah einfach; sie war sich noch nicht einmal ihres Körpers bewusst. Auch wenn ihre Augen geschlossen waren, war ihr Geist strahlend und klar. Regungslos verbrachte sie einmal mehrere Tage. Ihr Körper war danach so steif, dass sie nicht einmal mehr Hände und Füße bewegen konnte.

Sunim erinnert sich: »Auch wenn ich ein Dutzend Mal dem Tode nahe war, bin ich nicht gestorben. Ich bin nicht verhungert, nicht erfroren und ich wurde nicht von wilden Tieren verletzt. In schwierigen oder gefährlichen Situationen wies mir meine innere Stimme den Weg und führte mich immer zu einem Ort, wo ich fand, was ich brauchte. Als ich einmal des Nachts wanderte, konnte ich plötzlich meine Beine nicht mehr rühren. Es war, als wären sie eingefroren. Als ich vor mich blickte, bemerkte ich, dass ich mich nur einen Schritt vor einem felsigen Abgrund befand. Können Sie mir erklären, was meine Beine veranlasste, so zu erstarren? So etwas passierte häufig. Ich wusste, dass dies kein Zufall war.«

Sunim sprach während einer Dharma-Unterweisung über diese Erfahrungen: »Es war mein wahres Selbst, das all diese Dinge tat. Es war mein wahres Selbst, das mich in gefährliche Situationen trieb, und es war auch mein wahres Selbst, das mich vor dem Sterben bewahrte. Ich wurde niemals verwundet oder verletzt, während ich in den Bergen und Wäldern lebte, obwohl ich eine kleine und schwache Frau war. Ich überlebte auf diese Weise mehr als zehn Jahre, auch wenn ich niemals Nahrung mitnahm oder für Winterkleidung sorgte. Die Kraft des *Juingong*[4], des wahren Selbst, machte dies möglich.«

Sunim sagte einmal: »Was ich in all diesen zehn Jahren erfahren habe, lässt sich nicht mit Worten beschreiben.

Auch wenn ich darüber spreche, wird mir niemand glauben. Einmal nahm vor meinen Augen ein gigantischer Drache tausend verschiedene Formen an – es war so eindrucksvoll. Aus seinem Maul drangen viele *Mani*[5]-Juwelen hervor, die alle durch eine Schnur miteinander verbunden waren. Ich fühlte plötzlich, dass der Drache kein Drache war. Stattdessen war er die Manifestation des einen Gedankens aus dem Urgrund. Danach erhob sich der Drache in den Himmel und erzeugte eine riesige Feuersäule. Oben auf der Spitze der Feuersäule erschien liegend das *Svastika*[6]-Zeichen. Die ganze Säule begann sich langsam zu drehen, und es war so, als sei alles um mich herum verbunden und eins mit der Säule, die sich drehte.«

Indem sie überprüfte, was sie bislang erfahren hatte, bestätigte Sunim die unsichtbare Energie des Universums und entwickelte ihre Fähigkeit, sie zu nutzen. Sie hatte das Gefühl, als könnte sie die Entstehung und das Leben des gesamten Universums in einer Hand halten. Sie begann, die Planeten, das Sonnensystem, die Galaxie und den Raum jenseits davon zu erforschen.

Besondere Aufmerksamkeit schenkte sie den Krankheiten, die so viel Leid bei den Menschen verursachten. Dabei heilte sie mit der Kraft des wahren Selbst die Krankheiten der Dorfbewohner, die in der Nähe lebten, und kümmerte sich auch nach der Heilung weiter um ihre Gesundheit. Aber nicht nur mit den Krankheiten, sondern auch mit den familiären und sozialen Problemen, die sie beobachtete, verfuhr sie so.

Später, Sunim weilte noch immer in den Bergen, umgab sie plötzlich, als sie in Meditation versunken saß, eine große Helligkeit. Dieses riesige Licht dehnte sich kilometerweit in alle Richtungen aus, und sie empfand ein unbeschreibliches Gefühl von Frieden und Erfüllung. Jede Himmelsrichtung war von Licht erfüllt, und es schien, als erhelle das Licht selbst den entlegensten Winkel. Nach diesem Erlebnis war sie ständig von diesem Licht umgeben, und sie fühlte, dass alle Dinge und Lebewesen sie unterstützten.

Sunim sagte: »Ich übte niemals in der Absicht, ein Buddha zu werden oder Erleuchtung zu erlangen. Ich wollte ganz einfach wissen, wer ich bin, was ich bin und warum ich geboren bin. Nachdem ich erkannt hatte, dass mein physischer Körper nicht ich war, mein Bewusstsein nicht ich war und mein Wille nicht ich war, wollte ich nur wissen, wer ich wirklich war, nachdem all das andere ausschied.«

Einmal fragte sie jemand, was sie durch die Jahre in den Bergen erreicht hatte. Sunim antwortete: »Die meisten Menschen denken, dass man eine bestimmte Stufe erreicht, wenn man sein wahres Selbst erkannt hat. ›Nichts zu erreichen‹ aber ist das Prinzip, was es zu erreichen gilt. Wenn Sie behaupten, dass Sie etwas erreicht haben, dass Sie angekommen oder zu etwas erwacht sind, dann haben Sie im Grunde nichts erreicht, sind nicht angekommen und nicht erwacht. Nichts zu erreichen, nicht anzukommen und zu nichts zu erwachen ist der Weg zum Erreichen, Ankommen und Erwachen.«

Ein anderer fragte sie, ob man auch wie sie in den Bergen üben müsse, um zu erwachen. Sunim antwortete: »Natürlich nicht. Das Wichtigste ist, im Vertrauen auf den eigenen Ursprung zu üben und nicht mit dem Körper. Ich übte mit den Dingen, die mir begegneten, und mit den Umständen, die mich umgaben. Ich war arm und hatte keinen Ort, an den ich gehen konnte, so übte ich einfach auf diese Weise. Ganz gleich, wie die Umstände um Sie herum sind, wenden Sie sich nach innen, dem wahren Selbst zu.«

Ende der Fünfzigerjahre ließ sie sich in den Chiak-Bergen in einer kleinen Hütte unweit des Sangwon-Tempels nieder. Die folgenden zehn Jahre verbrachte sie dort, in der Umgebung der kleinen Stadt Wonju, half den Menschen, denen sie begegnete, und sammelte die unterschiedlichsten Erfahrungen. Obwohl sie sehr zurückgezogen lebte, sprach sich schnell herum, dass sie ein Mensch von außergewöhnlich tiefer Erkenntnis war, sodass immer mehr Menschen sie aufsuchten und um ihre Hilfe baten. Die Leiden der Hilfesuchenden nahm sie als die ihren an. Sie hörte zu und sagte nur: »Ich verstehe. Alles wird in Ordnung sein.« Die Menschen verließen den Ort und wussten, dass ihre Probleme bald gelöst sein würden.

Sie waren zu Daehaeng Kunsunim gekommen und hatten Hilfe für die Schwierigkeiten gesucht, mit denen sie konfrontiert waren. Aber früher oder später tauchten neue Probleme auf. Sunim erkannte: Auch wenn sie sich um jede einzelne Schwierigkeit kümmerte, half dies den Menschen nicht grundlegend. Deshalb begann sie neue Wege zu erkunden, die Menschen zu lehren, sich auf ihre eigene Buddhanatur zu verlassen. Nur so konnten sie erkennen, dass es ihre

Buddhanatur war, die sie führte und sich all ihrer Probleme annahm. Auf diese Weise konnten sie die Fesseln von Samsara und Karma hinter sich lassen und frei leben. So ging Daehaeng Kunsunim 1972 nach Anyang im Süden von Seoul und gründete dort das erste Hanmaum[8] Zen-Zentrum.

Dort begann sie die Menschen zu lehren, ihre eigene Buddhanatur zu entdecken und ihre Lebensführung auf die Buddhanatur zu gründen. Viele Menschen fühlten sich von ihren Unterweisungen angezogen. Sie zeigte ihnen, wie sie im Alltag üben konnten, womit auch immer sie gerade beschäftigt waren, welchen Beruf sie hatten oder wie ihre familiäre Situation aussah. Im Laufe der Jahre baten Menschen aus entfernteren Gegenden Daehaeng Kunsunim, ein Hanmaum Zen-Zentrum in ihrem Ort zu errichten. Auf diese Weise entstanden bis Anfang 2010 15 Tochtertempel in Südkorea und zehn Hanmaum Zen-Zentren in aller Welt.

Daehaeng Kunsunim ist auch geistige Lehrerin für mehr als 180 Sunims, von denen viele selbst Zentren leiten und dort den suchenden Menschen zur Seite stehen.

Teil 1
Grundlagen

I
Grundsätzliche Fragen

Wer bin ich?

Vor allem anderen müssen wir uns selbst erkennen. Wer bin ich? Was bin ich? Das sind Fragen von allergrößter Bedeutung, und es kommt alles darauf an, wie wir sie beantworten.

Manche mögen vielleicht denken: Ich bin ich. Was könnte ich anderes sein? Doch so simpel ist es nicht. Wo kommen wir her? Und wie sind wir auf diese Welt gekommen? Oft wird auf diese Fragen geantwortet: »Ich bin das Kind meiner Eltern, mehr bedarf es nicht.« Ist das aber wirklich alles? Sind wir tatsächlich ein ganz und gar materielles Gebilde, entstanden aus Ei- und Samenzellen unserer Eltern? Nein! Es gibt etwas, was uns geformt hat. Das ist unser Ursprung, unsere Wurzel, unsere wahre Natur. Würdest du die Existenz der Wurzel eines Baumes bestreiten, nur weil du sie nicht sehen kannst? Wer sind wir wirklich? Was ist unser wahres Selbst? Als Menschen ist uns die Aufgabe gestellt, diese Fragen zu beantworten.

Die Welt hat sich entfaltet, weil du geboren wurdest. Die Welt ist da, weil du da bist. Deine Familie, dein Gegenüber, jedes einzelne Wesen, das dir begegnet – sie alle sind da, weil du da bist. Die Welt und das ganze Universum sind mit deiner Geburt entstanden. Welche Bedeutung hätte diese Welt, hätten diese Wahrheit und diese Unterweisung, wenn du nicht da wärest? Versuche deshalb, deinen Ursprung, deine Wurzel, dein wahres Selbst klar zu erkennen! Wer ist es, der da sieht, hört, sitzt, steht, fragt und antwortet, so klar und geheimnisvoll zu jeder Zeit, an jedem Ort? Erkenne deine wahre Gestalt, erkenne deine Wurzel, den Samen in dir.

Der Körper ist eine Hülle, und es gibt etwas anderes, das ihn bewegt. Dennoch halten viele den Körper für ihr eigentliches Ich. Was in diesem Verständnis »Ich« genannt wird, ist aber nichts weiter als ein Sack, der nach langem Gebrauch fadenscheinig und brüchig und schließlich abgelegt wird. Welchen Sinn hat es, mithilfe dieses Sacks dieses und jenes anzuhäufen und als dein Eigentum zu betrachten?

Der Körper ist nichts Ewiges; er ist wie Kleidung, die wir ablegen, wenn sie alt und zerschlissen ist. Betrachte seine Vergänglichkeit, und betrachte deine Gedanken: Sie sind ebenso vergänglich wie dein Körper. In dieser Betrachtung kannst du erfahren, dass das, was »Ich« genannt wird, nur eine vergängliche Erscheinung ist, etwas, das an einem Punkt in diese Welt gekommen ist, um an einem anderen wieder zu vergehen. Du wirst auch begreifen, dass dieses Ich niemals frei von Leid sein kann und dass es, während es leidet, schließlich zerfallen wird. Ist dies aber wirklich alles? Gehst du weiter in dich, wirst du erkennen, dass es das wahre Selbst gibt, den Herrn, denjenigen, der die alten Kleider abwirft und neue anlegt.

Was ist Buddha?

Das Wort *Buddha*[8] wird oft als Bezeichnung für einen Erwachten verwendet. Aber Buddha wird nicht zu Buddha durch das Erwachen eines Menschen. Und die Wahrheit wird nicht zur Wahrheit durch die Unterweisung eines Erwachten. Selbst wenn seine Lehre den höchsten Weg zur Wahrheit darstellt, ist die Wahrheit die Wahrheit, unabhängig davon, ob es einen Erleuchteten gibt oder nicht. Die Wahrheit existiert aus sich selbst. *Buddha* ist bloß ein Name, und jeder muss selbst herausfinden, was Buddha wirklich ist. In diesem Sinne sprach Shakyamuni Buddha[9]: »Erhelle das Licht des *Dharma*[10], erhelle das Licht des Selbst.«

Nicht der ehrenvolle Titel oder der ihm erwiesene Respekt machen einen Buddha aus. Buddha umarmt jedes einzelne Wesen ohne auch nur eine Spur von Ich. Würden Buddhas, *Bodhisattvas*[11] und Heilige eine hohe Position einnehmen, wäre es ihnen nicht möglich, in der ganzen Dharmawelt gegenwärtig zu sein. Mit dem unterscheidenden Bewusstsein oder mit den körperlichen Augen unwissender Lebewesen kann Buddha nicht erfasst werden.

Buddha hat weder Form noch Farbe; deshalb entzieht er sich jedem Vergleich. Weil Buddha alles ist, kann er nicht definiert werden. Und deshalb können wir ihn auch nicht mit Namen wie »Der die Wahrheit erlangte«, »Großer Meister«, »Dharmalehrer«, »Bodhisattva« oder »der Erwachte« erfassen. Buddha lebt nicht in solchen Namen. Aber wer die Wahrheit erkannt hat, sieht Buddha überall.

Sieh Buddha nicht als etwas von dir Getrenntes. Buddha ist in dir. Buddha, der das ganze Universum und die drei Welten[12] umfasst, ist in dir ebenso wie alle Patriarchen[13], alle Heiligen und alle Lebewesen. Auch alle deine Vorfahren sind in dir. Wie könnte es etwas außerhalb von dir geben, das nicht von dir kommt? Durch dich gibt es Buddha. Die Gestalt Buddhas ist deine Gestalt. Das Herz Buddhas ist dein Herz.

Was ist die Buddhanatur?

Die Buddhanatur[14] ist die Wurzel des Lebens und das ewige Leben. Sie ist der Ursprung, der das ganze Universum umfasst. Die meisten Lebewesen wissen nicht, dass dieser Ursprung immer in ihnen ist. Wer aber die Buddhanatur in sich erkennt, ist sofort ein Buddha.

Die Buddhanatur existierte bereits, als Himmel und Erde entstanden. Und sie wird niemals vergehen oder verschwinden, auch wenn das ganze Universum zerfiele oder der Raum selbst in sich zusammenstürzte.

Die Buddhanatur umschließt die zehntausend Dinge der sichtbaren und der unsichtbaren Welt. Weil die Buddhanatur jedem Menschen innewohnt, sind die zehntausend Dinge auch in uns.

Viele Menschen denken, dass sie unter großen Mühen Flüsse durchqueren und Berge übersteigen müssten, um die Buddhanatur schließlich an einem fremden und entlegenen

Ort zu finden. Aber so ist es nicht. Wäre die Buddhanatur an einem fernen Ort verborgen und nur schwer zu erreichen, wie könnte man da sagen, dass jeder diese Buddhanatur besitzt. Der wahre Schatz liegt in dir verborgen. Du kannst ein Buddha werden, selbst wenn du völlig ungebildet bist. Jeder kann Erleuchtung erlangen.

Shakyamuni Buddha lehrte: »Weil die Buddhanatur in jedem Lebewesen ist, ist jedes Lebewesen Buddha.« Wie diese Unterweisung unser Innerstes berührt! Sie ist so groß und umfassend, dass Worte wie »kostbar« oder »edel« sie nicht annähernd beschreiben können.

Was ist der Dharma?

Der Dharma ist die Wahrheit und das Gesetz, nach dem die drei Welten kreisen. Er umschließt alle Bereiche des Sichtbaren und des Unsichtbaren und alle Wesen in ihnen. Der Dharma ist grenzenlos und für alle gleich. Er ist die Wahrheit, die alle Buddhas erkannt und gelehrt haben, seit dem Anbeginn der Zeit.

Wir wissen nicht, wer wir wirklich sind. Daher wissen wir auch nicht, worauf unser Leben gründet und warum wir leben. Der Dharma lehrt uns, wer wir sind und was das Leben ist. Er zeigt uns klar das Ziel des Lebens und weist uns den Weg.

Solange es Menschen gibt, kann der Dharma nicht verschwinden; denn alles im Leben ist Dharma. Solange die

Welt besteht, wird auch der Dharma bestehen; denn alles in der Welt ist Dharma. Solange die drei Welten existieren, kann der Dharma nicht vergehen; denn alle herrschenden Prinzipien und Gesetze der drei Welten sind Dharma. Die Lebewesen der vier Arten von Geburt[15] tragen das ewige Leben in sich, und das ist Buddha. Sie denken und handeln, und das ist Dharma.

Man sagt, auch in endlosen Kalpas[16] sei es schwierig, zum Kern des Dharmas vorzudringen. Es ist aber nicht der Dharma, der schwer zu verstehen ist, sondern es sind die irrigen Vorstellungen der unwissenden Wesen, die ihnen das Verständnis schwer machen. Der Dharma ist nicht deshalb groß, weil er so anspruchsvoll und schwierig zu verstehen wäre. Seine unermessliche Bedeutung liegt darin, dass seine Wahrheit einfach und jedem jederzeit zugänglich ist.

Was ist die Buddhalehre?

Buddhas Lehre heißt auf Koreanisch *Bulgyo*. Die Silbe *bul* (wörtlich Buddha) steht für den Ursprung, aus dem wir leben. Jedes einzelne Wesen, sogar der kleinste Grashalm, trägt diesen Ursprung in sich. Die Silbe *gyo* (Lehre) steht für die Tatsache, dass wir alle – die zehntausend Lebewesen und Dinge – voneinander lernen durch unsere Worte, unser Herz und unser Handeln. Buddhalehre heißt, miteinander durch den Ursprung zu kommunizieren und voneinander zu lernen. Folglich ist die Buddhalehre auf nichts begrenzt;

sie Buddhalehre zu nennen, ist nur ein Mittel. Die Buddhalehre steht für die Wahrheit, die Gesetze, nach denen das ganze Universum kreist. Die äußeren Formen der Religionen sind zwar verschieden, im Kern aber sind ihre Lehren gleich. Der Ursprung von allem liegt nicht außerhalb, sondern in uns.

Sich mit der Buddhalehre beschäftigen heißt sich selbst erhellen. Sich erhellen heißt, zum Ursprung zurückzukehren. Dadurch nehmen wir Zuflucht – nicht zu dem, was wir »Ich« nennen, sondern zu unserem wahren Selbst. Geben wir das auf, was wir für das Ich halten, so offenbart sich unser wahres Selbst, so wie es ist.

2
Ewige Wahrheit

Hanmaum – der ALLGEIST

Han (koreanisch: eins, das Eine) steht für die Grenzenlosigkeit, die Einheit, in der alles enthalten ist. Hanmaum ist das eine *Maum*[17] – der eine GEIST. Es ist der unsichtbare, unfassbare, Raum und Zeit überschreitende ursprüngliche GEIST, der weder Anfang noch Ende hat. *Hanmaum*[18] bedeutet, dass sich der GEIST oder das HERZ aller Dinge und Wesen gemeinsam mit den dreitausend Großtausendwelten[19] in Einheit manifestiert. Mit anderen Worten, *Hanmaum* umfasst das ganze Universum, den ursprünglichen GEIST aller Lebewesen und das Kreisen all dieser Wesen und Dinge in Einheit.

Die Buddhanatur ist im gesamten Universum und in allen Wesen. Sie war am Anbeginn der Zeit, sie ist jetzt, und sie wird in alle Ewigkeit sein. Die Buddhanatur ist eins, deshalb ist sie Hanmaum; sie ist unvorstellbar groß, deshalb ist sie Hanmaum. Die Buddhanatur ist Hanmaum, weil sie nicht für den Einzelnen steht, sondern für das Ganze, die in Einheit kreisende Gesamtheit aller. Sie ist Hanmaum, weil sie der Urgrund aller Wesen und Dinge ist.

Ausnahmslos alles, jedes Ding und jedes Wesen, ist durch den ursprünglichen GEIST zu dem Einen verbunden. Durch den ursprünglichen GEIST manifestiert sich das Ganze in Einheit. Deshalb sind Du und Ich nicht getrennt, deshalb ist alles, so wie es ist, der GEIST und das HERZ Buddhas. Der ursprüngliche GEIST, der Herzensgrund, den alle Lebewesen in sich tragen und der alles miteinander verbindet, das nennt man Hanmaum.

Das ganze Universum ist mit dem ursprünglichen GEIST aller Wesen und Menschen unmittelbar verbunden, und die dreitausend Großtausendwelten kommunizieren darin als eins. Es gibt keine Abtrennung, keine Wände, keine Mauern. Der GEIST und das HERZ aller Buddhas sind mein Hanmaum, der Dharma aller Buddhas ist der Dharma und das Leben meines Hanmaum. Deshalb sind die Prinzipien, nach denen die Welt sich bewegt, in meinem Ursprung schon vorhanden. Ebenso, wie viele verschiedene Glühbirnen durch ein und denselben Strom zum Leuchten gebracht werden, so sind alle Dinge durch Hanmaum miteinander verbunden.

Juingong – das wahre Selbst

Alles in der Welt der Erscheinungen ist in beständigem Fluss, es gibt nichts, das nicht der Veränderung unterliegt. Unablässig, von Augenblick zu Augenblick, wird diese Welt geboren, und unablässig stirbt sie zur gleichen Zeit. Weder lässt sich von einem Gegenstand behaupten, dass er dauerhaft in dieser oder jener Weise existiere, noch dass er nicht existiere. Nichts ist von Dauer. Alles ist ständigem Wandel unterworfen, dessen Wesen der Buddha mit dem Wort *Gong* (absolute Leerheit) beschrieben hat.

Juingong[20] ist die Urquelle der sich unaufhörlich ändernden Erscheinungen. Deshalb erklärt es sich begrifflich als Einheit von Herr, Besitzer (koreanisch *Juin*) und absoluter Leere (koreanisch *Gong*). Es ist kein Objekt, von dem man sagen könnte, es existiere. Mit Worten wie »existieren« oder »nicht existieren« ist es nicht zu erklären. *Juingong* wird nicht geboren und wird niemals sterben. Es ist das ewige wahre Selbst, das wir als den ursprünglichen GEIST in uns tragen. Es ist mit allem unmittelbar verbunden und manifestiert sich in Nichtzweiheit.

Juingong ist unser wahrer Ursprung. Unser Körper und unsere Gedanken sind wie die Zweige und Blätter eines Baums, die sich bilden und nach kurzer Zeit wieder vergehen. *Juingong* hingegen ist die Wurzel, die stets neue Zweige und Blätter hervorbringt. Bist du die Frucht, dann ist *Juingong* der Stiel, der der Frucht das Leben gibt. Bist du der Stiel, ist *Juingong* der Zweig, an dem der Stiel hängt. Bist du der Zweig, ist *Juingong* der Stamm, dem der Zweig entsprossen ist. Bist du der Stamm, ist *Juingong* die Wurzel, der Urgrund, der den Baum leben lässt. Diesem Urgrund entspringen Äste, Zweige, Blätter und Früchte. So gibt es nichts in deinem Denken, deinem Tun und deinen Verdiensten, das nicht aus Juingong – dem wahren Selbst – entstanden ist.

Wir sehen den Stamm, die Zweige, die Früchte und Blätter eines Baums, nicht aber seine Wurzel. Und doch wissen wir, dass der Baum durch seine Wurzel lebt, obwohl diese für uns unsichtbar ist. Man stelle sich aber Juingong nicht als feste Form vor wie etwa eine konkrete Baumwurzel. Juingong kann auch Buddha genannt werden, weil es unser Ursprung und zugleich der Herr von allem ist. Wenn wir Juingong, unser wahres Selbst, erkennen – den Ursprung aller Bodhisattvas, aller Heiligen und aller Lebewesen – dann wissen wir wahrlich, was Buddha ist.

Du kannst Juingong »Vater« oder »Mutter« nennen. Oder nenne es »Meister meines Herzens«, »der eine Geist«, »reines Wasser«, »lebenspendendes Wasser« oder »Säule des Geistes«. Du kannst es als »das wahre Selbst« oder als »die wahre Natur« bezeichnen, als »Amita Buddha« oder als »höchster Buddha«. Weil es die Urquelle allen Seins ist, kannst du es »Gott« nennen oder »mein Geliebter«. Zu keiner Zeit lässt sich bestimmen, wie oder was Juingong ist, weil es zu allem werden kann. Juingong ist Vater und Sohn. Es ist der höchste und der niedrigste Mensch. Gleich mit welchem Namen wir es bezeichnen, es ist das, was uns führt. Juingong ist das Selbst im Ich, der ursprüngliche GEIST im Geist oder das HERZ im Herzen.

Juingong kann weder mit Augen gesehen noch mit Gedanken erfasst werden. Juingong besitzt die strahlende Kraft der höchsten Weisheit, es bleibt immer unbefleckt und verändert sich niemals. Es ist das über unermessliche Fähigkeit verfügende, ewige große Selbst. Die unwissenden Wesen sind von unterschiedlicher Gestalt, führen unterschiedliche Namen und befinden sich auf unterschiedlichen Geistesstufen. Sie werden geboren und sterben. Während ein Wesen zu zehntausend Wesen wird und zehntausend Wesen zu einem, bleibt Juingong immer in Ruhe. Es wird deshalb auch Buddha oder innerer Buddha genannt. In Juingong treffen sich unwissende Wesen und Buddha. Hier sind sie nicht getrennt voneinander.

Beim Kochen wählen wir zuerst die Zutaten aus, dann bereiten wir sie zu und schmecken sie ab, alles nach unserem jeweiligen Geschmack. So wird schließlich ein leckeres Essen daraus. Genauso erscheint, während wir nach unseren Wünschen und Bedürfnissen leben, Juingong, die wahre Natur unseres Selbst, inmitten unseres täglichen Lebens. Juingong existiert nicht irgendwo, es ist im Herzen derer, die nach ihm suchen.

Juingong ist ein großer Schmelzofen, der die alles erlösende heilige Kraft aller Buddhas enthält. Dieser Schmelzofen ist uns allen zu Eigen. Die unterschiedlichsten Metallsorten, die dort hineinkommen, werden geschmolzen und dadurch eins. So verwandelt sich in unserem inneren Ofen jede Träne in Mitgefühl und jeder Schmerz in Dankbarkeit. Jegliches leidvolle Karma, jedes Unheil ist nicht mehr als eine kleine Schneeflocke im Feuer dieses Ofens. Juingong ist das wundervolle Geheimnis des Herzens. Es ist die unvorstellbar mächtige, unergründliche Kraft der Buddhanatur, die jedes Lebewesen in sich trägt. Juingong ist die mit nichts zu vergleichende heilsame Kraft, die alles zu erlösen vermag.

Denke nicht, dass dein wahres Selbst dir allein gehört. Es umfasst, stützt und bewegt den gesamten Dharma. Wie sollte da eine Unterscheidung zwischen »meinem« und »deinem« wahren Selbst möglich sein?

Der Körper und das wahre Selbst

Die Dreiheit des Daseins

Der Mensch besteht aus der Dreiheit von ewigem Leben, Bewusstsein und Körper. Diese drei Dinge stehen für den Zustand, bevor der ursprüngliche GEIST Form annimmt, den Moment, in dem der ursprüngliche GEIST seine Wirkung entfaltet, und die daraus resultierende Handlung des Körpers. Harmonisch zusammenwirkend manifestiert sich diese Dreiheit als ALLGEIST.

Die Essenz des wahren Selbst besteht im Zusammenwirken von ewigem Leben, Bewusstsein und Körper. Durch diese drei ist alles miteinander verbunden, ist alles *ein* gemeinsamer Körper, *ein* gemeinsames HERZ, *ein* gemeinsames Leben, gemeinsames Tun und gemeinsames Essen. Das wahre Selbst besitzt die Fähigkeit, alles auszusenden und alles aufzunehmen. Das sichtbare Selbst ist lediglich ein körperliches Werkzeug des unsichtbaren. Das wahre Selbst ist formlos und unfassbar, aber es ist der letzte Grund, der Dharmastab[21], der alles bewegt.

Das ewige Leben, die das Denken erzeugende Unterscheidungskraft und der die Materie bewegende Leib – die Manifestation dieser Dreiheit lässt den heiligen Körper der absoluten Wahrheit (*Dharmakaya*[22]), den heiligen Körper der

Seligkeit (*Sambhogakaya*[23]) und den heiligen Körper der Manifestation (*Nirmanakaya*[24]) entstehen. Der Kapitän aber, der Wegführer, derjenige, der sie in Dreiheit erscheinen lässt, das ist Juingong, unser wahres Selbst.

Der Körper, ein Gebilde aus den vier Elementen

Der Körper ist ein vergängliches Gebilde aus den vier Elementen Erde, Wasser, Feuer und Luft. Gemäß dem Gesetz von Ursache und Wirkung finden sie sich zusammen und zerstreuen sich später wieder. Unausweichlich ist der Körper dem Werden und Vergehen unterworfen, und immer wieder erleben wir deshalb Tod und Geburt. Doch alles, was Geburt und Tod unterworfen ist, kann nicht als wahre Wirklichkeit bezeichnet werden. Die wahre Wirklichkeit ändert sich niemals, sie wird nicht geboren, und niemals vergeht sie. Was nicht die wahre Wirklichkeit ist, ist nur eine Täuschung. Deshalb ist auch das flüchtige Gebilde des Körpers lediglich eine Illusion.

Wolken entstehen, ballen sich zusammen, lösen sich auf und bilden sich neu in anderen Formen. Genauso ist es mit den Menschen. Mit dem Tod lösen sie sich in die vier Elemente auf und kehren zum Ursprung zurück. Entsprechend den Umständen finden sich die vier Elemente dann wieder zusammen, um eine andere Form anzunehmen, und durch Fleisch und Blut der Eltern wird ein Mensch wiedergeboren. Doch sollte die Vorstellung, dass sich der Körper irgendwann wieder in seine Elemente auflösen wird, nicht dazu verleiten, das Leben als sinnlos anzusehen. Versuche stattdessen das Gesetz zu erkennen, nach dem alles sich auflöst und wieder zusammenfindet. Wer den geistigen Weg geht, muss in der Vergänglichkeit das tiefere Gesetz sehen. Hast du das einmal erkannt, ist die Welt nicht mehr vergänglich.

Wenn der Körper nur ein flüchtiges Gebilde ist, existiert dann das wahre Selbst von ihm getrennt? Ganz und gar nicht! Vielmehr bildet das wahre Selbst das Fundament des Körpers, den die meisten Menschen fälschlicherweise als ihr »Ich« begreifen. Wo aber ist das wahre Selbst zu finden? In den Armen oder in den Beinen? Im Herzen? Im Gehirn? Das wahre Selbst existiert nicht an einem bestimmten Ort. Es ist in keinem bestimmten Körperteil zu finden und ist doch tief in unserem Inneren. Das ursprüngliche Ich, das wahre Selbst, hat diesen Körper geschaffen und ist tief in ihm verborgen. Zugleich aber ist es mit allen dreitausend Großtausendwelten verbunden und manifestiert sich als die eine Wahrheit. Das ist ein großes und tiefes Geheimnis!

Obwohl der Körper lediglich eine Mischung der vier Elemente ist, brauchen wir ihn, um den Dharma zu erkennen. Ohne den Körper gibt es weder Entwicklung noch Rückschritt. Folglich ist es ein Irrweg, den Körper seiner Vergänglichkeit wegen für wertlos zu erachten oder die Wahrheit erlangen zu wollen, indem man den Körper wegwirft. Ohne den Körper können wir uns weder entwickeln noch unsere Weisheit erweitern, noch Buddhaschaft erlangen. Weil der Sohn existiert, erkennen wir, dass der Vater da ist. Weil der Diener da ist, wissen wir um die Existenz des Herrn. Indem wir das Bedingte verstehen, erkennen wir die Wahrheit, dass das Nichtbedingte stets in ihm mitwirkt.

Ohne Körper können wir weder hören noch sehen. Ohne Reibung kann es keine Erkenntnis geben. In den Früchten erkennen wir den Samen, im Baum die Wurzel. Der Körper besitzt als ein aus den vier Elementen zusammengefügtes Gebilde keine ewige Wirklichkeit. Dennoch erfahren wir durch ihn das eine Leben, den einen Ort, das eine HERZ, das wahre Selbst.

Unsere wahre Natur

Woher kommen wir? Wir kommen von Juingong, dem wahren Selbst. Deshalb müssen wir uns bemühen, das wahre Selbst wiederzufinden. Durch alle Leben hindurch hat es uns bis heute begleitet und alles mit uns durchgemacht. Nur ist uns dies nicht bewusst, solange wir nicht versuchen, das wahre Selbst zu finden. Dein Körper ist wie Blätter und Zweige, die aus dem wahren Selbst entsprungen sind. Wie kannst du also behaupten, die Blätter und Zweige wären dein Selbst, und dabei die Wurzel außer Acht lassen? Erkenne deine Wurzel!

An dem Punkt, an dem das »Ich«, das ein unerleuchtetes Wesen ist, verschwindet, offenbart sich etwas Ewiges. Was sich nun zeigt, ist unsere wahre Natur, das ewige Selbst, das durch unzählbare Kalpas gegangen ist, niemals geboren wurde und niemals sterben wird. Es ist das Selbst, das niemals befleckt werden kann und das jenseits aller Leiden steht. Es ist das Selbst, das niemals entsteht oder vergeht, niemals zu-

oder abnimmt, das – über alle Maßen kostbar und glückselig – weder rein noch unrein ist. Die unerleuchteten Wesen können dem ewigen Selbst nicht begegnen, weil sie in ihren eigenen Gedanken und Vorstellungen gefangen sind. Das ewige Selbst kann aber nicht in Worten beschrieben, durch Denken oder Reden enthüllt werden. Der Versuch, es durch Denken zu erfassen, ist, als versuchte man, eine Tonne voranzubewegen, während man in ihr sitzt.

Irgendwann begannen die Lebewesen verkehrte, traumartige Gedanken zu hegen. Daraus entstand eine Dunkelheit, die den ursprünglich klaren und hellen Herzensgrund verdeckte, ähnlich wie dunkle Wolken die helle Sonne und den klaren Himmel scheinbar verschwinden lassen. Da sie von Dunkelheit bedeckt waren, vergaßen die Lebewesen, dass Sonne und Himmel überhaupt existierten. Nun heißt es für uns, zurückzufinden zu unserer wahren Natur, die ursprünglich Buddha ist – zurückzukehren zu Sonne und Himmel in uns. Deine jetzigen Gedanken und dein Körper sind nicht mehr als eine Ansammlung grauer Wolken, die aus dem wahren Selbst hervorgegangen sind. Deshalb hat, was du als »Ich« angenommen hast, keine echte Substanz. Es besitzt nicht deshalb keine Substanz, weil es dieses Ich nicht gibt, sondern weil es sich von Augenblick zu Augenblick verändert.

Nichtzweiheit

Wenn das Meer aufgewühlt ist, wirbelt es viele kleine Wassertropfen empor. Beruhigt sich das Meer, sinken die Tropfen herab und werden wieder zum Wasser des Meeres. Die einzelnen Wassertropfen sind wie die Lebewesen in ihren verschiedenen Formen; das Meer ist der Ursprung. Ein kleiner Wassertropfen, der gerade von der Welle emporgeworfen wurde, ist ein neugeborenes Lebewesen. Ein Tropfen, der ins Meer zurücksinkt, ist ein Lebewesen, das seine Hülle ablegt und zu seinem Ursprung zurückkehrt. Im Ursprung gibt es keine Trennung zwischen Du und Ich und auch keinen Unterschied zwischen deinen und meinen Ahnen. Der Ursprung des Lebens ist von unermesslicher Weite, und er ist eins. Der Ursprung des Lebens ist wie das Wasser des Meeres, das in einem Augenblick still ist und sich im nächsten Augenblick als große Wellen oder kleine Tropfen manifestiert. Mit dem Aufkommen des Windes entstehen Wassertropfen, mit seinem Abflauen verschwinden sie wieder. Genauso bringt der Ursprung die Dinge hervor oder nimmt sie zu sich zurück und manifestiert dabei das, was man Geburt und Tod nennt.

Von der sichtbaren Welt aus betrachtet, ist alles in Zweiheit. Aber vom Ursprung aus betrachtet, gibt es die Zweiheit nicht. In der Erscheinungswelt sind wir zwei. Deshalb sagt man: Berg ist Berg, Wasser ist Wasser. Vom Ursprung her sind wir eins. Deshalb sagt man: Berg ist Wasser, Wasser ist Berg.

Weil Himmel und Erde durch den Ursprung in Einheit kreisen, manifestiert sich alles in der Nichtzweiheit. Deshalb gibt es nichts, das nicht ich selbst bin.

Dein Körper gehört nicht dir. Er ist eine Gemeinschaft. Genau wie zahllose verschiedene Tierarten auf dieser Erde zusammenleben, so leben auch in deinem Körper unzählige Zellen oder Lebewesen zusammen. Deshalb ist er nicht dein Eigentum, sondern gehört der Gemeinschaft der Lebewesen in dir. Dennoch empfinden die unwissenden Wesen ihren Körper als etwas Eigenes. Aber sogar in jedem einzelnen Organ unseres Körpers – im Herzen, in der Leber, im Magen und so weiter – leben unzählige Zellen oder Lebewesen zusammen und nutzen den Körper gemeinsam. All diese Wesen leben gemeinsam, von selbst eine Einheit bildend. Daher ist dein Körper, so wie er ist, nicht mehr als ein Gefäß, ein Sack, der einen ganzen Kosmos enthält. Die Funktion der Organe in diesem Mikrokosmos ist ein Abbild der Prinzipien, nach denen das Universum funktioniert. Astrophysik, Geologie, alle Naturwissenschaften und alle Philosophie, sie alle sind darin enthalten.

Ursache und Wirkung

Der Körper besteht also aus unzähligen Wesen, die ein dichtes Netz bilden. So ist es auch mit der Erde und mit dem Universum. Das ganze Universum ist ein riesiges, eng geknüpftes Netz und bewegt sich als eins. Weil in diesem Netz alles miteinander verbunden ist, gibt es nichts, was nur ich weiß. Wenn ich etwas weiß, weiß es das ganze Universum und weiß es auch Buddha. So wissen es alle. Tust du etwas im Verborgenen, damit die anderen nicht davon erfahren, so wissen sie es schon. Du selbst weißt, was du getan hast. Was du weißt, teilt sich allen Wesen in dir mit und somit auch allen Wesen im ganzen Universum. Da alle Lebewesen und Dinge miteinander verbunden sind, bleibt nichts, was du tust, geheim.

Lügen heißt sich selbst betrügen. Der Betrüger und Betrogene bist du. Aber der Ursprung, das wahre Selbst, weiß alles und kann niemals betrogen werden. Das wahre Selbst ist der Himmel und die Dharmawelt. In ihm gibt es nicht die geringste Lücke.

Die Funktion des GEISTES ist der eines Computers vergleichbar. Jeder Gedanke, der einmal auftaucht, wird in diesem Computer gespeichert. Du magst glauben, dass ein Gedanke verfliegt und es mit ihm sein Bewenden hat, sobald du dir seiner nicht mehr bewusst bist. Aber der Gedanke verschwindet nicht. Vielmehr wird er haargenau in dir gespeichert. Er bleibt in dir eingeprägt und bewirkt bei einer passenden Gelegenheit das Entstehen eines ähnlichen Gedankens. Unser Geist neigt sich automatisch der Richtung zu, in die sich die Gedanken bewegen. Daher entwickelt der zweite Gedanke eine stärkere Kraft als der erste. War der erste Gedanke negativ, wird der zweite noch negativer sein. Mit jeder Wiederholung wächst seine Wirkkraft. Ein Gedanke, der viel Kraft gewonnen hat, wird dann irgendwann in die Tat umgesetzt. Ein negativer Gedanke, den wir heute nicht beherrschen, wird eines Tages zu einer negativen Handlung heranwachsen. Die Wirkung unseres Geistes bleibt nicht auf das gegenwärtige Bewusstsein begrenzt.

Das Gesetz von Ursache und Wirkung entfaltet sich wie ein Samen, der niemals verdirbt; einmal gepflanzt, wird er eines Tages sprießen. Der Samen des Guten bringt Früchte des Guten, der Samen des Bösen Früchte des Bösen. Der Samen des karmischen Gesetzes verdirbt niemals, sondern er keimt wieder und wieder.

Viele Menschen leben, ohne sich um andere zu kümmern. Sie sind zufrieden, solange es ihnen selbst gut geht und sie bekommen, was sie begehren. Aber du wirst keinen wahren Frieden finden, indem du nur nach deinem eigenen Vorteil suchst. Zeitweilige Freude kann das grundsätzliche Problem nicht lösen. Bedenke, dass unser Leben nicht mit dem gegenwärtigen Leben endet. Sei dir des Gesetzes bewusst, dass alles, was du tust, als Karma[25] zu dir zurückkommt.

Was wir früher einmal in uns abgespeichert haben, wirkt nun auf uns zurück und bestimmt unser Leben. Eine negative karmische Bindung ist so fest wie ein Hanfseil. Eine positive Bindung ist sanft wie ein still brennendes Feuer. Das Hanfseil kann das Feuer nicht fesseln, aber das Feuer verbrennt das Hanfseil. Deshalb bemühe dich, gutes Karma zu sammeln.

Aber selbst gutes Karma ist Karma. Zwar ist es richtig, dass unheilvolles Karma unheilvolle Folgen gebiert und heilsames Karma heilsame Folgen. Beiden gemein ist aber, dass sie uns im Rad der Wiedergeburt gefangen halten und dadurch als Sklaven leben lassen. In dem einen Fall begegnet man einem bösen Herrn und führt ein leidvolles Leben. Im anderen hat man einen guten Herrn und führt ein vergleichsweise bequemes Leben, das dennoch ein Sklavenleben bleibt. Wie lange wollen wir noch als Sklaven leben?

Der alte Inhalt eines Tonbands verschwindet, wenn wir es neu bespielen. Gut ist es, statt schlechten Karmas gutes Karma aufzunehmen. Besser wäre es, sowohl gutes als auch schlechtes Karma aufzulösen, indem wir uns der Wahrheit widmen. Durch das Erkennen der Wahrheit können wir löschen, was auch immer auf dem Tonband gespeichert ist. Auch ein jahrelang verstaubter Spiegel wird wieder völlig klar, wenn wir ihn gründlich abwischen.

Viele Menschen versuchen, das Karma – jenes verworrene Knäuel von Ursache und Wirkung – durch Nachdenken aufzulösen. Das aber ist wie der Versuch, im eiskalten Winter mit einer Schüssel heißen Wassers einen zugefrorenen See aufzutauen. Im ersten Augenblick scheint das Eis tatsächlich zu schmelzen. Kurz darauf aber vereist auch das ausgegossene Wasser, und am Ende hat man noch mehr Eis als zuvor. Lass deshalb ab von deinem Widerstand gegen das Karma! Kehre zurück zu deinem Ursprung und lass das Karma sich von selbst auflösen! Wie dick das Eis über einem See auch sein mag – wenn der Frühling kommt, schmilzt es von selbst. Zu deinem Ursprung zurückkehren heißt, den kalten Winter ziehen zu lassen und den Frühling zu empfangen.

Der Prozess der Evolution

Samsara

Menschen werden geboren und sterben. Das ist *Samsara*[26], der ewige Kreislauf von Werden und Vergehen. Geborenwerden und Sterben ist Samsara. Das Kommen und Gehen der Jahreszeiten ist Samsara. Das Kreisen der Wassertropfen zwischen Himmel und Erde, das alle Lebewesen am Leben erhält und nährt, auch das ist Samsara. Selbst das Entstehen und Vergehen der Sterne ist Samsara. Auf diese Weise sind alle Dinge und alle Wesen ein Teil des immerwährenden Kreislaufs von Kommen und Gehen. Nach dem Leben verschwinden wir nicht einfach, sondern wandern weiter im Rad der Wiedergeburten. Wie könnten wir ohne diese endlose Kette der Wiedergeburten jemals das Gesetz der Natur und die Wahrheit erkennen?

Über Tausende von Jahren haben wir heilsame Taten angesammelt, um schließlich die Stufe des Menschen zu erreichen. So schwierig ist es, als Mensch geboren zu werden. Lassen wir aber die Gewohnheiten, die wir in unserem langen Entwicklungsprozess angenommen haben, nicht hinter uns und verharren wir in unserem auf uns selbst begrenzten Denken, dann werden unsere Leiden kein Ende finden. Dann verurteilen wir uns selbst dazu, den jetzigen Zustand Leben für Leben zu wiederholen. Anstatt uns höherzuentwickeln, bleiben wir stecken und finden uns – wie ein Hamster im Rad – gefangen im Kreislauf der endlosen Wiedergeburten. Unter Umständen sinken wir sogar auf eine niedrigere Stufe hinab und nehmen die Gestalt eines Tiers an. Falls dies geschieht, sind wir dazu verurteilt, ein unbeschreiblich leidvolles Leben des Fressens und Gefressenwerdens zu führen. In einem solchen Leben kann man keinen Augenblick innehalten, um in Ruhe über sich selbst nachzudenken. Hat man sich aber erst einmal die Gewohnheiten eines Tiers zu Eigen gemacht, dann ist es selbst in Millionen von Kalpas sehr schwierig, die Hülle des Tieres wieder abzulegen.

Für manche bedeutet der Kreislauf von Leben und Tod unausweichliches Leiden, für die Erleuchteten aber ist dieser Kreislauf der Prozess der Evolution. Für jene, die nicht wissen, dass sich alle Dinge und alle Wesen unaufhörlich manifestieren, ohne auch nur einen Augenblick stillzustehen, heißt Leben Wiedergeburt und Leiden. Wenn sie aber erwachen, ist das Leben nur eine Manifestation.

Ohne das Rad der Wiedergeburten gibt es keine Entwicklung. In ihm liegt die Kraft, die uns zur Buddhaschaft führt. Deshalb ist das Rad der Wiedergeburten kein vom Karma erzeugtes Leiden, sondern die treibende Kraft unserer spirituellen Entwicklung. Es ist die Grundlage, die geistige Schulung erst ermöglicht. In jedem Augenblick unseres Lebens wiederholen wir Tod und Geburt. Weil wir gestorben sind, können wir heute leben. Der Tod ist nur ein Glied in der unendlichen Kette der Wiedergeburten. Leben und Tod sind ein Paar; sie wirken gemeinsam. Im Tod ist bereits das Leben und im Leben ist bereits der Tod enthalten. Samsara, das ständige Kreisen, das ist die Kraft, die uns formt, abschleift und zur Buddaschaft führt. Ohne Tod und Wiedergeburt gibt es keinen Weg, ein Buddha zu werden.

Sterben ist wie das Ablegen alter Kleider. Geborenwerden ist das Anziehen neuer Kleidung, die Körper genannt wird. Jeder legt gerne alte Kleider ab und zieht neue an. Aber nur wenige Menschen legen gerne einen verbrauchten Körper ab, um einen neuen zu erhalten. Wenn die ewige, unveränderliche Grundlage unseres Seins, Juingong, einmal die Kleider wechselt, nennt man das Tod. Wie wir abgetragene Kleider durch neue ersetzen, genauso ersetzt das wahre Selbst einen verbrauchten Körper. Deshalb ist der Tod nur aus der Sicht der alten Kleider leidvoll und ein Grund für Trauer und Schmerz. Vom Standpunkt der neuen Kleider aus bedeutet der Tod eine freudige Geburt.

Wir legen den Körper ab, doch unser Bewusstsein bleibt bestehen. Oft geschieht es, dass Menschen nicht gewahr werden, dass sie über keinen Körper mehr verfügen, und folglich nicht erkennen, dass andere Menschen sie weder hören noch sehen können. In ihrer Verwirrung und Not verursachen sie dann oft Schwierigkeiten und Leiden unter den Lebenden. Dadurch können in der Familie oder in der Gesellschaft Krankheiten und Unglück entstehen, deren Ursache nicht ersichtlich ist. Hätten die Verstorbenen zu Lebzeiten den geistigen Weg verfolgt, dann wären sie ohne Anhaftung an dieses Leben frei hinübergegangen. Ist dies aber nicht der Fall, verbleiben sie nach dem Sterben in ihren alten Beziehungen mit den Lebenden. Sie können dann weder frei kommen noch gehen und schweben als Schattengeister in der Zwischenwelt, unfähig, sich mit eigener Kraft aus ihrem Zustand zu befreien.

Wer sich im Leben nicht geistig geschult hat, bleibt nach dem Sterben in einem Bewusstseinszustand gefangen, in dem man weder klar sehen noch klar hören kann. In Finsternis eingeschlossen, verfügen diese Seelen über kein Unterscheidungsvermögen und stehen in der Gefahr, sich zu verirren und zum Beispiel als Schwein oder als Elster wiedergeboren zu werden. Wer aber seine wahre Natur erkannt hat, dessen Licht strahlt überallhin. Es erreicht auch seine Familie, die dank ihm in Helligkeit leben kann.

Evolution und Schöpfung

Evolution ist das Voranschreiten hin zu einem besseren Zustand. Die treibende Kraft der Evolution ist ein Aspekt des GEISTES, der auch Wille oder Willenskraft genannt wird. Ohne Willen zur Evolution wäre die Welt sinnlos, fade und langweilig. Hinter jedem Willen steht aber der Wille, zu erwachen, der Wille, die höchste Erleuchtung zu erlangen. Nur mit dieser Willenskraft können Menschen sich weiterentwickeln. Während Millionen von Kalpas haben wir um das Überleben gekämpft, waren Jäger und Gejagte und sind durch entsetzliche Zeiten hindurchgegangen. Deshalb lautet die alles entscheidende Frage: Wie können wir jetzt, da wir endlich einen menschlichen Körper erhalten haben, unseren GEIST weiterentwickeln?

Warum legen wir, wenn die Zeit gekommen ist, unseren Körper ab wie ein ausgedientes Kleidungsstück? Weil wir durch diesen Vorgang eine andere, höhere Stufe erreichen können. Wie sich eine Raupe in einen Schmetterling verwandelt, wird der Körper in diesem Prozess durch die schöpferische Kraft des GEISTES auf einer höheren Stufe neu geformt. Hat ein Insekt zum Beispiel kurze Vorderbeine und kann deshalb nicht so schnell laufen, so wird es leicht zur Beute anderer Tiere. Hegt es den tiefen Wunsch, längere Beine zu haben, um besser laufen oder sogar springen zu können, so wird es in der nächsten Entwicklungsstufe längere Beine ausbilden. Tatsächlich setzen wir unsere Willenskraft ständig auf diese Art und Weise ein und entscheiden dabei, welche Gestalt wir künftig annehmen werden.

Im Leben machen wir viele Erfahrungen, die uns reifen und auf natürliche Weise demütig werden lassen. Das alles ist notwendig, weil dieser Prozess uns erweckt und unsere Weisheit wie Quellwasser hervorsprudeln lässt. Was wir im Leben wünschen, was wir ablehnen, was wir als günstig und was wir als hinderlich erleben, all das bestimmt die Gestalt, mit der wir im nächsten Leben wiedergeboren werden. Auf diese Weise haben wir uns in Millionen von Jahren zum Menschen entwickelt. Wollen wir zulassen, dass all die Mühe vergeblich war und wir auf eine niedrigere Stufe zurückfallen?

Es gibt Menschen, die auf andere Lebewesen herabschauen und manche von ihnen als minderwertig oder sogar als überflüssig betrachten. Aber auch diese Wesen befinden sich in ihrem Entwicklungsprozess. Ihre Gestalt war früher unsere, sie sind unsere alten Freunde und die lebenden Beweise der zum menschlichen Dasein führenden Entwicklung. Betrachten wir die Lebewesen der vier Arten von Geburt, so können wir feststellen, dass sie sich in einer fortschreitenden Reihe von niederen zu immer höheren Formen entwickeln. Aber auch im Körper eines jeden Wesens leben und entwickeln sich Lebewesen der vier Arten von Geburt. Von welchem Standpunkt aus soll man nun beurteilen, was »nieder«, was »höher« ist? Welches Leben soll dabei als Maßstab dienen? Betrachte die Welt: Es gibt keinen Anfang und kein Ende, alles ist der Mittlere Weg.

Nehmen wir das Beispiel von Würmern oder Insekten. Sie wurden in ihrer jeweiligen Gestalt geboren, weil ihr Bewusstsein und Vorstellungsvermögen nur bis dahin reichte. Die Lebewesen werden in ihrem Evolutionsprozess einerseits von ihrer Umwelt beeinflusst, der sie sich anpassen. Grundlegender und weitaus entscheidender für ihre Evolution aber ist die Dimension ihres Bewusstseins. Hat ein Lebewesen beispielsweise einen Schwanz und meint, der sei überflüssig, dann wird er verschwinden. Brauchen Lebewesen Flügel, dann bekommen sie Flügel. Es ist wahrlich ein Wunder. Bei Menschen ist es nicht anders. Sind wir mit unserer jetzigen Form nicht zufrieden und wird der Wunsch, sie zu ändern, immer stärker, dann werden die Menschen in Zukunft anders aussehen. Unsere Form wird von unserem GEIST bestimmt. Woher kommt diese schöpferische Kraft? Es ist der Herzensgrund, das wahre Selbst, das all dieses ermöglicht.

Wenn wir die Welt betrachten, stellen wir fest, dass alles Lebende sich in ständiger Bewegung befindet. Die Vögel, die Tiere des Waldes, die Insekten, all die großen und kleinen Wesen, sie bewegen sich auf ihre Weise, ohne auch nur einen Augenblick stillzustehen. Dies dient allein dazu, sich höher zu entwickeln.

Das Ziel der Entwicklung ist, die große Freiheit zu erlangen und ein Buddha mit unermesslicher heilsamer Kraft zu werden. Alle Lebewesen streben nach der Vollendung. Deshalb sind alle Wesen unsere Brüder und Schwestern auf dem Weg zur Wahrheit. Die drei Welten sind ein von Wahrheitssuchenden erfüllter großer Tempel.

Evolution und Schöpfung sind beide Manifestationen des ALLGEISTES. Evolution ist das Emporsteigen des GEISTES. Erreicht unser GEIST eine höhere Stufe, ändern sich auch die Funktionen des Körpers und seine Form. Die riesigen Tiere früherer Zeiten sind verschwunden oder haben ihre Form geändert, weil ihr GEIST eine höhere Stufe erreicht hat. Schöpfung ist die Manifestation dessen, was der GEIST als den Körper entworfen hat. Der innere Entwurf offenbart sich äußerlich in der höherentwickelten Form des Körpers. Deshalb ist Evolution Schöpfung und Schöpfung Evolution.

Der GEIST ist der Motor, die Triebkraft der Evolution. Auch wenn eine Schöpfung vollzogen ist, gehen wir weiter vorwärts. Wir bleiben nicht bei den alten Gedanken und Handlungen stehen. Der GEIST bringt sowohl Evolution als auch Schöpfung hervor. Evolution und Schöpfung existieren nicht getrennt voneinander. Auch eine Rückentwicklung wird durch den GEIST hervorgebracht. Alles ist eine Manifestation des ALLGEISTES.

Leere und Form

Die Wahrheit ist ein ständiges Fließen, das niemals, nicht einmal für einen einzigen Augenblick, innehält. Die Wahrheit durchströmt und belebt alles. Nichts in der Welt ist beständig. Alles fließt. Ohne Anfang und Ende, ohne Kommen und Gehen gibt es nur das Fließen, so wie es ist. Etwas vom Fließen abzuhalten, bedeutet, es zu töten.

Wir leben in der Wahrheit wie die Fische im Wasser. Finde also die Wahrheit in deinem täglichen Leben! Wer die Wahrheit in der Ferne sucht, ist wie ein Fisch, der außerhalb des Wassers nach Wasser sucht. Die Wahrheit geht über Raum und Zeit hinaus und steht niemals still. Wie das Ein- und Ausatmen bleibt sie nicht stehen, sondern kreist endlos.

Die wahre Wirklichkeit ist eigentlich nicht verborgen. Dennoch können die Augen unwissender Wesen sie nicht sehen. Die wahre Wirklichkeit tritt so deutlich zutage wie die Dinge im hellen Licht der Sonne und dennoch ist sie für die unwissenden Wesen nicht sichtbar. Die Buddhalehre bedeutet nichts anderes als das: die Dinge so zu sehen, wie sie sind. Als Buddha den Edlen Achtfachen Pfad[27] lehrte, nannte er als erstes Glied »rechtes Sehen«. Siehst du auf rechte Weise, wirst du Weisheit erlangen. Besitzt du Weisheit, wirst du Befreiung erlangen. Das rechte Sehen lässt alle vor unseren Augen liegenden Wirrsale, Sinnlosigkeiten, Konflikte und Leiden verschwinden. Dann erkennen wir, dass sie ursprünglich ohne Wurzel und leer sind. Mit rechtem Sehen erscheint die wahre Wirklichkeit vor uns, so wie sie ist, heilig und klar.

Dass sich alles von Augenblick zu Augenblick ändert, heißt, dass in jedem Augenblick alles stirbt. Das heißt aber auch, dass in jedem Augenblick alles geboren wird. Die Törichten haften an Dingen, die längst vergangen sind, und vergeuden dadurch ihr Leben und ihre Zeit. Die Weisen nutzen die Möglichkeiten der sich von Augenblick zu Augenblick ändernden Wirklichkeit und leben in Freiheit.

Kein Ding im Universum bleibt, wie es ist. Es gibt nur Veränderung und Manifestation. Deshalb gibt es nichts, was du beschwerlich mit dir tragen müsstest. Lässt du die feste Vorstellung vom Ich los, hört folglich alles Leiden auf. Obwohl es nichts zu tragen gibt, ist unser Bewusstsein durch den Gedanken gefesselt, es gäbe etwas zu tragen. Dieser Gedanke verfestigt sich und erzeugt Leiden. Wenn du erkennst, dass sich alles von Augenblick zu Augenblick ändert und deshalb leer ist, gibt es nichts, woran du anhaften kannst. Die Form ist leer. Das Denken ist leer. Die Worte sind leer. Die Namen sind leer. Alles ist leer.

Welches »Ich« bist du? Das Ich beim Aufstehen, das Ich beim Sitzen, das Ich beim Bewegen und das Ich beim Stillstehen ist stets ein anderes. Welches dieser »Ichs« bist du? Dein Ich beim Zusammensein mit Freunden und dein Ich beim Beisammensein mit der Familie sind verschieden. Welches »Ich« möchtest du dein wahres Ich nennen? Das Ich, als du Kind warst, oder das Ich in deinem jetzigen Lebensalter? So wie es kein festgelegtes Ich gibt, sind auch alle Dinge dem Wandel unterworfen und deshalb leer. Man sagt nicht deshalb »Alles ist leer«, weil da nichts ist, sondern weil alles sich in stetigem Wandel befindet.

Leere bedeutet nicht das Nichts. Aus der Leere entsteht Form, und Leere ist Form. Unablässig offenbart sich die Leerheit als Form. Die Form stirbt, weil sie lebt, und weil sie stirbt, lebt sie. Kein Augenblick ist beständig. Es fließt und fließt. Die Leere ist nicht tot, sie ist lebendig. Leere bedeutet Fülle. Weil die Manifestationen und die Fülle der Leere so unbegrenzt und unnennbar sind, sagten die Zen-Meister oft nur: »Nichts«! Weil auch dieses nicht genügte, sagten sie manchmal nochmals:

»Nichts«!

3

Das Wesen des GEISTES

Was ist Maum?

Der GEIST (*Maum*)[28] ist der Ursprung des Universums, der Ursprung von Sonne und Erde und der Ursprung, in dem wir mit allem verbunden sind. Der GEIST ist der allwissende, allmächtige Schöpfer, der alles hervorbringt und sämtliche Vorstellungen und Gegensätze übersteigt.

Der GEIST hat keine Farbe, keine Form, keinen Ort, keinen Anfang und kein Ende. Man kann nicht sagen, der GEIST wäre dieses oder jenes, er wäre innen oder außen. Der GEIST kann weder geteilt noch zerstört, noch ausgelöscht werden. Er überschreitet Raum und Zeit, er überschreitet alles.

Im ursprünglichen GEIST ist der Geist. Von Anfang an ist der GEIST immer rein und unbefleckt. Er wird von nichts eingefärbt und verweilt stets in Soheit[29]. Andererseits gibt es aber auch den unterscheidenden Geist, den Geist, der Werden und Vergehen verursacht und uns im Kreislauf von Geburt, Tod und Wiedergeburt gefangen hält. Weil dieser unterscheidende Geist jenen ursprünglichen GEIST noch nicht erkannt hat, hält er die von ihm selbst hervorgerufenen Wirrsale und Irrgedanken für seine wahre Essenz. Dass hier von zwei unterschiedlichen Formen des GEISTES die Rede ist, geschieht allerdings nur, um damit etwas zu verdeutlichen. Im Grunde sind die beiden keineswegs voneinander getrennt, sondern wirken stets als eins.

Je nachdem, welche Gedanken sie in sich hegen, befindet sich das Bewusstsein der Menschen auf höchst unterschiedlichem Niveau. Die Grundlage eines jeden Bewusstseins aber ist – völlig unabhängig von seinem gegenwärtigen Niveau – der ursprüngliche GEIST, der GEIST, der niemals geschaffen wurde und niemals vergehen wird. Versuche deshalb in deinem GEIST den ursprünglichen GEIST zu finden.

Der GEIST ist immer in der Fülle. Er ist wie das Licht der Sonne in klarer Luft. Der GEIST ist stets in Soheit und vollkommen frei. Seine Macht kennt keine Grenzen weder nach innen noch nach außen. So mächtig ein Gott, so groß ein Buddha auch sein mag, niemals könnten sie die Kraft des GEISTES vernichten. Obwohl das Licht der Sonne strahlend hell und die Größe des Universums unvorstellbar ist, reichen sie bei Weitem nicht an das Licht und die Größe deines GEISTES heran.

Alle Weltensysteme kreisen mit dem ursprünglichen GEIST in Einheit. Daher ist alles *ein* gemeinsames Herz, *ein* gemeinsamer Körper, *ein* gemeinsames Leben, gemeinsames Tun und gemeinsames Essen. Letztlich teilen alle Lebewesen dieselbe Wurzel und leben einträchtig in einem Garten zusammen.

Der ursprüngliche GEIST ist rein und klar wie ein makelloser Spiegel. Was vor ihm steht, wird mit höchster Genauigkeit wiedergegeben. Verschwindet es wieder, so bleibt auf dem Spiegel keine Spur davon zurück. Da unwissende Menschen das wahre Wesen des GEISTES nicht kennen, malen sie Bilder auf den Spiegel, eines über das andere. Diese Bilder folgen nicht dem natürlichen Fluss der Dinge und verursachen deshalb viele Schwierigkeiten. Kehren wir aber zu unserer wahren Natur, dem natürlichen Zustand unseres Seins zurück, offenbart sich das Wesen der Wirklichkeit von selbst.

Wie dicht, wie dunkel Wolken auch sein mögen, können sie doch niemals den Himmel beschmutzen. Desgleichen: Wie hartnäckig, wie böse ein Gedanke auch sei, kann er doch niemals unseren ursprünglichen GEIST beflecken. Auch die dicksten und dunkelsten Wolken treiben irgendwann auseinander, und dann zeigt sich der Himmel klar und hoch wie zuvor. Selbst wenn schwarze Sturmwolken dichte Regenfluten bringen und den Tag zur Nacht werden lassen, so ist der Himmel von ihnen eben nur bedeckt. Hinter den Wolken erstrahlt er so blau und klar wie je. So ist es auch mit dem GEIST. Wie groß unsere Verblendung, wie schwer eine Verfehlung auch scheinen mag, wird unser ursprünglicher GEIST doch nicht von ihnen befleckt. Er bleibt immer hell und klar.

Der GEIST kennt keine Mauern. Über Tausende und Abertausende von Meilen kann er ungehindert überallhin gelangen. Da alle vier Himmelsrichtungen stets weit offen stehen, gibt es für den GEIST keinen silbernen Berg, den er überwinden, keine eiserne Wand, die er durchdringen müsste. Warum sprechen die Menschen dann von silbernen Bergen und von eisernen Wänden, über die sie nicht hinwegkommen können? Sie sprechen von Bergen und Wänden, die sie mit ihrem GEIST selbst errichtet haben. Aber den GEIST kann man nicht vorzeigen. Er teilt sich nicht in das Bedingte und das Unbedingte, und er kennt weder Grenzen noch Grenzenlosigkeit. Erkennt man das Wesen des GEISTES, wird einem klar, dass es niemals eine Mauer gegeben hat.

Die Kraft des GEISTES

Es gibt keinen Ort, den ein tiefer und klarer GEIST nicht erreicht. Der GEIST ist die wahre Energie, die Energie, mit der sich die Lebewesen und die Welt weiterentwickeln. Wenn du aber nicht an diese Energie glaubst, kannst du sie nicht nutzen, dann kann sie sich in deinem Leben nicht entfalten. Willst du diese Energie wirklich erfahren, musst du zuerst anerkennen, dass sie da ist.

Der GEIST verfügt über die Kräfte von Magnetismus, Elektrizität und Kommunikation. Die unbegrenzte schöpferische Kraft des GEISTES gibt, was immer gerade benötigt wird, und kommuniziert mit allem überall. Lässt du den Gedanken »Ich tue« völlig los, kannst du die Kraft des GEISTES nutzen. Dann wirst du klar und frei handeln, ohne vor irgendetwas Angst zu haben. In diesem gelassenen Zustand leidest du nicht mehr darunter, ob etwas gelingt oder nicht. Möchtest du die Energie des GEISTES nutzen, dann tust du es, möchtest du sie nicht nutzen, dann lässt du es, ohne an dem Gedanken von »nutzen« oder »nicht nutzen« anzuhaften. Alles, was du wissen musst, ist, dass die Energie des Geistes, die schneller ist als das Licht, aus deinem Inneren herausströmt und die ganze Dharmawelt erfüllt. Glaube an deinen Geist und mache freien Gebrauch von seiner Kraft.

Alle Dinge und alle Lebewesen sind von Geist zu Geist verbunden. Jedes einzelne Wesen hört, spricht und versteht durch den Geist. Stehst du demütigen und ernsthaften Herzens vor einer Buddhastatue und weißt, dass der Geist Buddhas und dein Geist nicht zwei sind, dann wirst du eins mit dem Geist aller Buddhas und alle Buddhas werden eins mit dir.

Es ist der Geist, der Menschen in die Hölle fallen, und es ist der Geist, der sie in den Himmel steigen lässt. Ein einziger Gedanke kann dich in ein tiefes Loch hineinstürzen oder dich aus ihm befreien. Die meisten Menschen leben jedoch, ohne zu erkennen, wie wichtig ein einziger Gedanke sein kann. Das Glück des Himmels und die Leiden der Hölle: Beide beruhen auf einem einzigen Gedanken.

Der Geist ist das Wichtigste. Der Geist stirbt nicht. Selbst wenn der Körper stirbt, bleiben die Taten, die du im Leben angehäuft hast, im Geist erhalten. Seinen Geist zu entwickeln und zu befreien, ist das Einzige, was wirklich wichtig ist, wichtiger selbst als das Leben. Dennoch gibt es nicht wenige Menschen, die scheinbar alles daransetzen, ihren Geist zurückzubilden.

In deinem Inneren liegt ein großer Schatz. Wie eine im Schlamm vergrabene Perle ist er tief in dir verborgen. Auch wenn du ihn nicht sehen kannst: Er ist da! Wenn du Millionen Euro auf deinem Konto hättest, würdest du glauben, du wärest arm? Würdest du dir Sorgen machen, zu wenig zu besitzen, um den Anforderungen des Lebens gewachsen zu sein? Den Weg gehen bedeutet, an den Schatz in dir zu glauben und ihn in deinem Alltag frei zu nutzen. Das Lohnendste, was du tun kannst, ist herauszufinden, wie du den Schatz in dir entdecken kannst. Ihn zu berühren, macht deinen Geist so offen und weit wie den Himmel, lässt unbegrenzte Weisheit und Barmherzigkeit aus deinem Herzen fließen und dich frei leben. Was könnte besser sein?

Gedanken formen

Viele Menschen sind unachtsam im Umgang mit ihren Gedanken. Sie gehen davon aus, dass ein Gedanke folgenlos zu Ende geht, sobald sie ihn vergessen haben. Aber so ist es nicht. Ein einmal entstandener Gedanke wirkt weiter, und seine Auswirkungen kommen irgendwann zu dir zurück. Das ist ein völlig automatischer Vorgang. Der Gedanke, der aus dem Ursprung heraus entsteht, kreist nach folgendem Prinzip: Er kommt aus der Leere, manifestiert sich in der sichtbaren Welt und kehrt zur Leere zurück.

Alles dem wahren Selbst zu überlassen, also alles loszulassen und zur Ruhe zu kommen, heißt, zum Ursprung zurückzukehren. Weil alles, Sichtbares wie Unsichtbares, von dort kommt, wird der Gedanke, der aus dem Ursprung heraus entsteht, zur Wahrheit. Tatsächlich nehmen alle Dinge ihren Anfang mit einem Gedanken aus dem Ursprung.

Der Gedanke aus deinem Ursprung bildet eine Brücke. Er verbindet deinen Leib mit deiner inneren Natur. In einem Augenblick erreicht er jeden Ort des Universums. In einem Augenblick erreicht er die Zukunft, die Vergangenheit und sogar die Bereiche jenseits des Lebens. Er bewegt sich schneller als Licht, für ihn haben Begriffe wie »nah« oder »fern« keinerlei Bedeutung.

Einen Gedanken aus der Mitte des HERZENS heraus zu formen, ist etwas anderes, als einen Gedanken mit dem Verstand zu formen. Der Gedanke aus der Mitte des HERZENS wird unbewusst gebildet und ist frei von der Vorstellung eines »Ich«. Im Zustand der Ichlosigkeit bist du mit deinem wahren Selbst tief verbunden, und dadurch werden alle Wirrsale und Hindernisse an den Ursprung zurückgegeben. Der tiefe Glauben, dass alles, was du tust, in Wirklichkeit von deinem wahren Selbst getan wird, verankert dich in der Mitte. Bist du fest in der Mitte des HERZENS, dann gibt es nicht die geringste Lücke zwischen Aufnehmen und Aussenden. Ist dir jedoch bewusst, dass du einen Gedanken aufnimmst oder aussendest, bist du schon dadurch nicht mehr frei.

Forme Gedanken aus jenem Ort, der niemals stillsteht. Formst du einen Gedanken aus einem scheinbar beständigen Ort, das heißt aus deinen festen Vorstellungen heraus, dann wirst du in die äußeren Geschehnisse verstrickt und lebst als Sklave der sichtbaren Welt. Denkst du, dass du den äußeren Hindernissen keine Beachtung schenken sollst, dann ist auch das ein Gedanke, der aus einem beständigen Ort kommt. Durch ihn wirst du zum Sklaven der unsichtbaren Welt. Vertraust du aber wahrhaftig deinem ewigen Freund, dem Herzensgrund in dir, dann wirst du erkennen, von welchem Ort aus du Gedanken formen sollst.

In einer schwierigen Situation mögen gelegentlich negative Gedanken in dir entstehen wie: »Da ist nichts zu machen« oder: »Nein, das kann unmöglich gehen.« Wende sie sofort um! Verwandle die negativen in positive Gedanken: »Natürlich geht es, das wahre Selbst tut doch alles!« Dann beobachte, wie sich die Dinge entwickeln. Durch diese Übung kannst du die Fähigkeit und Wunderkraft des HERZENS kennenlernen.

Durch einen einzigen fehlgeleiteten Gedanken können wir unseren Körper zugrunde richten und unsere Familie ins Unglück stürzen. Ein einziger fehlgeleiteter Gedanke kann darüber hinaus unserer Gesellschaft, unserem Land, unserer Erde oder sogar dem Universum großen Schaden zufügen. Wir sind ein Körper, eine Familie, ein Dorf, ein Universum. Das Universum, Buddha und die Prinzipien, nach denen die Welt sich bewegt, sind alle in deinem HERZEN enthalten. Sei deshalb achtsam mit deinen Gedanken, sodass sie innerhalb und außerhalb von dir heilsam wirken können. Bist du krank, dann versuche jeden Augenblick mit deinen Gedanken achtsam umzugehen. Dadurch verwandeln sich die Wesen in deinem Körper in Bodhisattvas, und die Harmonie wird wiederhergestellt. Auf diese Weise kannst du tiefgreifende Heilung erfahren.

Fasst du für jemandes Wohlergehen einen guten Gedanken und überlässt diesen ganz deinem Ursprung, so wird der ihm zugrunde liegende GEIST niemals vergehen und sich niemals verbrauchen. Das ist etwas völlig anderes, als jemandem allein auf der materiellen Ebene zu helfen. Es ist die bedingungslose Liebe der Bodhisattvas zu allen Wesen. Es ist die Barmherzigkeit, die hervorkommt, wenn alle Wesen und du selbst eins werden, wenn die Leiden anderer zu deinen Leiden werden. Es ist die Kraft, die uns zur Wahrheit führt.

Deine Gedanken beeinflussen alle Lebensbereiche: Gesundheit, Familie, Wohlstand, Umwelt und Erde. Durch einen Gedanken kannst du von Armut befreit werden, durch einen Gedanken kannst du von Krankheit genesen, durch einen Gedanken kannst du anderen helfen. Der GEIST kennt keine Grenzen. Er umfasst das ganze Universum. Deshalb kann, wer die Wahrheit der Nichtzweiheit erkannt hat, ausnahmslos alles umarmen. Formst du einen Gedanken in Demut und tiefem inneren Schweigen ohne jegliche Bewertung und ohne die Spur eines Ichs, dann manifestiert sich dieser Gedanke in der ganzen Welt und wird zu einem Heilmittel für alles Leiden. Ein solcher Gedanke vereint alles in Harmonie.

Teil II
Den Weg gehen

4
Glauben, vertrauen, betrachten

Glauben ist der Schlüssel zur Erkenntnis

Zuerst musst du daran glauben, dass die Buddhanatur in dir ist, jene Kraft, die dich zum Erwachen führt. Dann musst du, so wie ein guter Gärtner sich um einen jungen Baum kümmert, die Buddhanatur in dir pflegen und lebendig erhalten. Dadurch wird sie beizeiten erblühen.

Ein Baum verliert im Winter alle Blätter und erscheint dann wie tot. Und doch wissen wir mit Bestimmtheit, dass in ihm die Kraft ist, im nächsten Jahr neue Blätter zu treiben. Genau dieselbe Kraft wohnt auch in uns. Freilich ist dies den meisten Menschen nicht bewusst, weil sie ihre früheren Leben vergessen haben, wenn sie mit einem neuen Körper wiedergeboren werden. Wir sind durch unzählige Leben gegangen, bis wir schließlich als Menschen geboren wurden. Wenn uns dieser bedeutende Augenblick unserer Entwicklung und die mit ihm verbundene große Chance zur Erkenntnis wirklich bewusst wird, dann glauben wir ohne jeden Zweifel, dass wir die Kraft in uns tragen, ein Buddha zu werden. Wir müssen an die Buddhanatur glauben, an die Kraft, die unsere Entwicklung vorantreibt!

Wollen wir von unserem Haus aus telefonieren, dann müssen wir zuerst einen Telefonanschluss einrichten. Erst danach können wir jemanden anrufen oder Anrufe empfangen. Wer aber einen Anruf erhofft, ohne den Anschluss eingerichtet zu haben, der wird hunderttausend Jahre vergeblich warten.

Ohne Glauben an dich selbst wirst du den Schlüssel zur Erkenntnis nicht empfangen. Wie könnte dir der Schlüssel zur Schatzkammer übergeben werden, wenn du nicht an sie glaubst? In deinem GEIST liegen bereits alle Schätze, die es gibt. Glaube daran! Glaube an dich selbst und verwirf Gedanken wie »Ich bin großartig« oder »Ich bin nichts«. Glaube daran, dass nur dein wahres Selbst alles lösen kann. Das wahre Selbst vermag alles zu tun – auch das, was dir unmöglich erscheint. Wenn du fest daran glaubst, dann wird sich Juingong, dein wahres Selbst, von einer Sekunde zur anderen als Bodhisattva Avalokiteshvara[30] manifestieren und den Dharma lehren oder blitzartig als Yaksa Bodhisattva[31] in Erscheinung treten und den Dharma verwirklichen. Deshalb braucht man nicht »Buddha, hilf mir!« oder »Rette mich, Avalokiteshvara!« zu rufen. Im Glauben sind alle Buddhas und Bodhisattvas, alle Heiligen und alle Kräfte des Universums im Einklang. Wer wahrhaft auf seinen eigenen Grund vertraut, der wird auch auf dem eisigen Gipfel eines kahlen Felsens überleben können.

Unerleuchtete Wesen wissen nicht, was wirklich gut für sie ist und was nicht. Das Beste, was du tun kannst, ist deshalb, fest daran zu glauben, dass dein allwissendes wahres Selbst alles so vollbringt, wie es für dich am besten ist. Viele Menschen fragen jedoch: »Was ist, wenn sich die Dinge trotz meines Vertrauens ganz anders entwickeln, als ich mir gewünscht habe?« Eine solche Haltung ist kein Glaube. Wenn du wirklich glaubst, ist das Loslassen die Sache eines Augenblicks. Da bleibt keinerlei Raum für Sorgen oder andere Gedanken. Niemals wird das wahre Selbst dein Vertrauen missachten. Im tiefen Glauben ist alles enthalten. Er vollbringt alles.

Der Glaube gibt dir genau so viel, wie es der Stärke deines Vertrauens entspricht. Wer mit ganzem Herzen glaubt, bekommt alles. Wer halbherzig glaubt, bekommt die Hälfte. Aus diesem Grund kann man kaum genug betonen, wie wichtig es ist, dem wahren Selbst vollkommen zu vertrauen. Lass dich nicht entmutigen, wenn du von Schwierigkeiten heimgesucht wirst! Auch die Schwierigkeiten kommen aus deinem Ursprung. Durch dein tiefes Vertrauen können alle Probleme dort wieder aufgelöst werden, wo sie hergekommen sind.

Du magst dich im Leben nach bestem Wissen und Können einsetzen. Mangelt es dabei an Glauben, wird deine Bemühung die unsichtbare Hälfte der Wirklichkeit nicht erreichen. Dagegen wird der unerschütterliche Glaube, dass nur dein wahres Selbst alle Schwierigkeiten lösen kann, dich schließlich das wahre Selbst entdecken lassen. Mit einem solchen Glauben kannst du frei von Sorgen und Ängsten allem, was dir widerfährt, offen begegnen. Ist die Wurzel gesund und stark, steht der Stamm kräftig und fest. Ist der Stamm kräftig und fest, wird er reiche Früchte tragen.

Feste Vorstellungen, Anhaftung und Täuschung

Die Mauer der festen Vorstellungen

Beim Loslassen geht es nicht allein darum, die unangenehmen, leidvollen Dinge des Lebens zu überwinden, sondern sich von all den festen Vorstellungen zu befreien, die in unserem Denken entstanden sind. »Du« und »ich«, »gut« und »schlecht«, »hoch« und »niedrig«, wie viele solcher festen Vorstellungen tragen wir mit uns herum! Sie alle wurden von uns selbst geschaffen, und solange wir an ihnen festhalten, können wir niemals mit unserem Ursprung eins werden.

Das schlimmste Gefängnis auf der ganzen Welt ist das Gefängnis der Gedanken. Die Mauer, die am schwersten zu überwinden ist, ist die Mauer der eigenen festen Vorstellungen. Den geistigen Weg gehen heißt, sich aus dem Gefängnis der Gedanken zu befreien. Denkst du etwa: »Ich bin nur ein unerleuchteter Mensch, da ist nichts zu machen«, dann wirst du tatsächlich so leben, wie du gedacht hast: als ein ohnmächtiges, unwissendes Wesen. Sei dir bewusst, welch großen Unterschied ein einziger Gedanke machen kann.

Halte dich nicht damit auf, die geistige Entwicklungsstufe anderer zu beurteilen. Es gibt höhere Stufen, weil es niedere gibt. Wer andere bewertet, hindert sich selbst daran, weiterzugehen. Auch wenn du etwas sicher zu wissen glaubst, halte nicht an deinem Wissen fest. Auch wenn du eine hoch angesehene Stellung bekleidest, denke nicht, dass du höher stehst als andere. Ob jemand dieses und jenes weiß oder nicht, ob jemand eine hohe oder eine niedere Stufe erreicht hat, niemals solltest du dich von solchen unterscheidenden Gedanken beeinflussen lassen.

Vom Standpunkt der Gegenwart aus betrachtet, scheint es richtig und falsch zu geben. Aus der Sicht der gesamten Welt, die Vergangenheit, Gegenwart und Zukunft umschließt, gibt es jedoch weder richtig noch falsch.

Es ist unmöglich, eine Tonne voranzurollen, wenn man in ihr sitzt. Solange du auf deinen festen Vorstellungen beharrst, sitzt du in der Tonne und kannst deinen GEIST nicht frei ins Rollen bringen. Hast du dich aber einmal aus deinen eingefahrenen Denkmustern befreit, so wirst du herzlich lachen über all die festen Ansichten und Gedanken, die dir bis dahin so wertvoll erschienen. Dein GEIST ist eigentlich frei und kann ungehindert jeden Ort des Universums erreichen. Du musst nur ein klein wenig dein gewohntes Denken verändern, um aus der Tonne herauszukommen und dich aus dem selbst geschaffenen gitterlosen Gefängnis zu befreien. Dein GEIST kann das ganze Universum umfassen. Aber wie willst du ihn frei nutzen, wenn du deine engen, festen Vorstellungen nicht hinter dir lässt? Weisheit und schöpferische Kraft kommen nicht von irgendwoher.

Feste Vorstellungen sind wie Luftgebilde. Und doch werden Menschen von ihnen behindert und gefangen gehalten. Wenn du jemanden sähest, der über ein Luftgebilde stolperte oder meinte, von Luft gefangen zu sein, du würdest lauthals darüber lachen. Tatsächlich aber kommt es ständig vor, dass Menschen von Dingen gefangen gehalten werden, die keine Substanz besitzen. In ihrer Vorstellungswelt bauen sie Hütten und legen Stolperschwellen an, und später schaffen sie es nicht mehr, diese wieder zu verlassen. Im Grunde aber gibt es weder Hütten noch Türschwellen, über die man stolpern könnte.

Beharre nicht auf deinen festen Ansichten. Sie sind ein Produkt deines engen Denkens. Wenn du sie beseitigst, wird dein Herz so weit, dass es die ganze Welt aufnehmen kann und noch Raum übrig behält. Beharrst du aber auf ihnen, wird es so eng, dass nicht einmal eine Stecknadel Platz in ihm findet. Indem du deine festen Vorstellungen beseitigst, wirst du von selbst demütig. Alle Lebewesen und Dinge achtend, vermagst du dann die gesamte Welt zu umarmen. Das eben ist Zufluchtnahme zum Dharma[32] und der Weg der Befreiung. Versuche stets, deinen Stolz einzuschmelzen und beuge innerlich den Kopf deines GEISTES, wann immer sich eine Gelegenheit bietet. Sei demütig! Ist dein Herz genügsam, wird sein Duft das Herz des Gegenübers zum Schmelzen bringen.

Die Vorstellung vom Ich

Wer hartnäckig darauf besteht, dass er und die anderen verschieden sind, wird sich nicht einmal mehr vorstellen können, dass alles eins ist. Das aber ist das größte Hindernis auf dem Weg zur Erkenntnis. Am Ich festzuhalten, scheint einem zwar manchmal für den Augenblick einen kleinen Vorteil zu verschaffen. Aber dadurch vergibt man sich gerade die Möglichkeit, an dem unermesslichen Schatz der Buddhawelt teilzuhaben. Da du nun nach einer unendlich langen Entwicklung schließlich als Mensch geboren wurdest, solltest du die kostbare Gelegenheit nutzen und erkennen, dass alles *ein* gemeinsamer Körper, ein gemeinsames Leben, *ein* gemeinsamer GEIST, gemeinsames Tun und gemeinsames Essen ist. Ohne Erkenntnis dieser Wahrheit säst du den Samen unheilsamer Taten. Solange du die Einheit aller Dinge nicht erkannt hast, wirst du keinen wahren Frieden finden. Als ein Wahrheitssucher solltest du deshalb kein Hindernis als getrennt von dir betrachten, sondern alles ernsthaft und wahrhaftig an deinen Ursprung zurückgeben.

Weisheit ist die Erkenntnis, dass es das Ich nicht gibt. Weisheit erwächst aus dem Wissen, dass der Körper und die Materie nicht mehr sind als Bilder eines Tagtraums, kleine Wassertropfen, die vom Wind aus dem Meer emporgewirbelt werden. Auf der Existenz eines individuellen Ichs zu beharren hingegen ist Torheit. Sie entsteht aus dem Vergessen, dass Körper und Materie unausweichlich dem Vergehen bestimmt sind. Wirf das Ich einfach weg, dann kommen zehntausend Leiden und Wirrsale von ganz allein zur Ruhe!

»Mein Eigentum«, »meine Gedanken«, »meine Ehre«, »mein Recht«: All dies hält dich in der Tonne gefangen. Leider versuchen die meisten Menschen mit festen Vorstellungen eine Schutzmauer gegen die Unbilden und Schwierigkeiten des Lebens zu errichten. Und in dem vergeblichen Versuch, sich hinter ihr vor dem Leiden zu verstecken, bauen sie die Mauer im Laufe der Zeit immer höher und dicker.

Aber je höher und dicker die Mauer, desto enger und kälter wird das Herz. Diese Mauer bietet keinen Schutz, sondern wird im Lauf der Zeit zu einem Gefängnis, das seinen Erbauer ins Elend bringt.

Eine volle Schale kann nichts aufnehmen. Eine Schale, die bereits gefüllt ist mit Eigenliebe, Begierden und der festen Vorstellung vom Ich, hat keinen Raum für etwas anderes. Zuerst muss die Schale geleert werden, erst dann kann sie mit Gewinn neu gefüllt werden. Mit leerem Magen kannst du das Essen in vollen Zügen genießen. Umgekehrt wird dir auch die köstlichste Speise nicht schmecken, wenn dein Magen bereits voll ist. Die Fülle erwächst aus der Leere. Deshalb gilt: Alles loslassen heißt, alles gewinnen. Alles gewinnen heißt, alles geben können.

Versuche, die tief in dir versteckte Selbstgefälligkeit zu entdecken. Das Bemühen um Ehrlichkeit sich selbst gegenüber ist unabdingbar für denjenigen, der nach Weisheit strebt. Mit dem Reinigen des Herzens fallen – Schicht um Schicht – die Hüllen des Ichs und verschwindet die Mauer zwischen dir und den anderen. Wer alles als gleich betrachtet, wird nicht in Selbstgefälligkeit verfallen. Ein solcher Mensch befindet sich auf dem Weg, der immer breiter wird.

Von alters her lehren die Weisen,
dass es kein Ich gibt.
Und doch haften die Menschen am Ich
und irren den ganzen Tag umher,
während es unbemerkt Abend wird.

Plötzlich aber geht die Sonne unter,
und die Zeit ist gekommen,
sich schlafen zu legen.

Anhaftung und Täuschung

Im Grunde gibt es nichts, was dir gehört. Befreie dich völlig von dem Gedanken, irgendetwas wäre dein Eigen. Wenn man überhaupt danach fragen möchte, wem etwas gehört, ist »dem Urgrund« die einzige Antwort, die man geben kann. Du besitzt nichts, sondern bist lediglich Verwalter der Dinge, die in dein Leben kommen. Also kümmere dich um sie, so gut du kannst, aber hafte nicht an ihnen !

Wechselt ein Gegenstand automatisch den Besitzer, wenn er von diesem in jenes Zimmer getragen wird? Dir gehört das ganze Haus! Was macht es also für einen Unterschied, in welchem Zimmer sich ein Gegenstand befindet. »Haben« oder »besitzen« ist nichts anderes, als etwas von einem Raum in einen anderen zu tragen. In dieser Weise empfindet ein freier Mensch und nutzt er seinen GEIST. Deshalb kommen die Dinge, die er benötigt, auf natürliche Weise zu ihm. Ohne der Vorstellung eines von der Welt getrennten Ichs anzuhängen, ist das ganze Universum seine Heimat.

Klammere dich nicht an deinen Körper! Wie wirst du dein Haus irgendwann verlassen können, wenn du so stark an ihm hängst? Viele Menschen müssen am Ende ihres Lebens schwere Schmerzen erdulden, weil sie zu sehr an ihrem Körper haften. Wer einmal Bohnen geschält hat, weiß, wie fest unreife Bohnen mit ihren Schoten verwachsen sind und wie mühsam es ist, sie herauszulösen. Reife Bohnen hingegen springen wie von selbst aus ihren Schoten heraus, auch ohne dass besonderer Druck ausgeübt werden müsste. Genauso frei und einfach kannst du schließlich deinen Körper verlassen, wenn du nicht an ihm haftest.

Das Meer und die Wellen sind nicht voneinander zu trennen. Ebenso sind Erleuchtung und Täuschung nicht zwei. Also halte dich nicht damit auf, zwischen Täuschung und Erleuchtung zu unterscheiden, sondern lass beides los! Mit dem Loslassen kehren das Ich, das unterscheidende Bewusstsein und auch alle Täuschungen zur ursprünglichen Einheit zurück.

Gedanken kommen einfach. Bewerte sie nicht und versuche nicht, sie zu unterdrücken oder abzuschneiden. Nicht die Tatsache, dass Gedanken entstehen, ist eine Täuschung, wohl aber der Versuch, sie irgendwie am Entstehen zu hindern. Entstünden keine Gedanken in dir, so wärest du nur ein Stein, ein Stück Holz oder eine Leiche, nicht aber ein lebender Mensch. Um dich von Täuschungen zu befreien, musst du dich zuerst von deiner festen Vorstellung befreien, was überhaupt eine Täuschung ist. Der Weg dazu liegt darin, die Gedanken unmittelbar an den Ursprung loszulassen, noch bevor die Frage entsteht: »Was ist das für ein Gedanke?«

Auch Täuschungen kommen von Juingong. Darum überlasse sie völlig ihm. In dem Augenblick, da du Täuschungen und Wirrsale[33] in das Innere des HERZENS zurückgibst, entfaltet sich dessen schöpferische Kraft.

Der Lotus blüht im Schlamm und der Dharma inmitten der Wirrsale des Lebens.

Ich habe niemals gesagt, dass du kein Geld besitzen, dich nicht verlieben oder nicht schimpfen sollst, wenn du dich ärgerst. Wichtig ist nur zu erkennen, dass es der Urgrund ist, der all dies tut. Also tu, was du tun möchtest, aber beobachte dabei, ob du aus Anhaftung an »ich« oder »mein« handelst. Lebst du einträchtig in dem Wissen um die Verbundenheit aller Dinge, dann kannst du alles als Mittel zur geistigen Entwicklung benutzen. Dann kannst du ein Leben voller Lebendigkeit führen, in dem jedes deiner Worte, jede deiner Taten zu Dharma wird.

Vertraue und lass alles los

Großes Fragen

Überlässt du Tag für Tag alles dem wahren Selbst, dann werden gelegentlich Fragen in dir aufblitzen wie: »Was ist damit gemeint: Alles ist leer?«, »Wie kann es möglich sein, dass alles aus meinem Ursprung kommt?«, »Warum nehme ich die Dinge getrennt voneinander wahr, wo doch alles eins ist?«, »Ich tue alle möglichen Dinge. Warum heißt es dann, dass mein wahres Selbst es tut?« Verschiedenste Fragen werden in deinem Inneren auftauchen.

Wenn du einzig und allein auf Juingong, deinen Usprung, vertraust und voranschreitest, dann entstehen solche Fragen von selbst. Das ist wahres und großes Fragen. Ein solches

Fragen sprudelt wie frisches Quellwasser empor. Absichtliches, vom Kopf bestimmtes Fragen dagegen ist wie das leere Drehen einer Mühle: mühevoll, auszehrend und fruchtlos. Natürlich hervorsprudelnde Fragen und absichtlich gestellte Fragen sind so weit voneinander entfernt wie Himmel und Erde.

Absichtlich, mit dem Intellekt gestellte Fragen sind keine wahren Fragen und führen auch nicht zu wahren Antworten. Sie bringen dich nicht weiter. Wenn du aber mit ganzem Herzen glaubst und alles loslässt, brechen die Fragen von selbst hervor. Lässt du auch sie wieder an den Ursprung los, wirst du von dort eine Antwort erhalten.

Wenn Fragen in dir natürlich aufkommen und du keine Antwort hast, so gehe weiter, ohne zu grübeln. Eines Tages wirst du die Antwort erhalten. Durch Loslassen nimmt alles seinen natürlichen Lauf. Es ist aber falsch zu denken: »Weil ich losgelassen, weil ich alle Täuschungen aufgegeben habe, deshalb läuft es jetzt harmonisch.« Im wahren Selbst, dem Urgrund, ist alles miteinander verbunden und fließt alles in ständigem Wandel ohne jegliche Hindernisse. Lässt du dort alle Fragen los und gehst weiter, werden sich irgendwann auf natürliche Weise Lösungen finden. Das ist der wahre Weg zur wahren Antwort.

Großes Fragen gebiert große Erkenntnis. Wenn du jedes auf dich zukommende Hindernis sogleich an den Ursprung übergibst, dann löst sich allmählich dein Karma auf und zeigt sich schließlich das wahre Selbst. Von da an beginnt in deinem Inneren das große Fragen, das nicht aus deinem

Willen, sondern ganz von selbst entsteht. Großes Fragen ist das höchste Fragen; es wird dir von deiner wahren Natur gegeben, um dich zu lehren. Mit seiner Hilfe wirst du augenblicklich oder im Laufe der Zeit erwachen.

Glauben und Loslassen

Loslassen ist Glauben. Ohne zu glauben, kann man nicht loslassen. Lass alles los in dem Wissen, dass dein wahres Selbst sich darum kümmert. Ob es zu gelingen, ob es zu misslingen scheint: lass los! Wie könntest du völlig loslassen, ohne fest an dein wahres Selbst zu glauben?

Wie kannst du alles an deinen Ursprung loslassen? Erstens, glaube wahrhaftig daran, dass Juingong, dein Ursprung, alles bewirkt und lass alles an ihn los. Zweitens, weiche in deinem Glauben nicht einen Schritt zurück, was auch immer auf dich zukommen mag. Drittens, betrachte achtsam, wie dein wahres Selbst sich um alle Angelegenheiten kümmert, experimentiere mit dieser Wahrheit in deinem täglichen Leben und schreite mutig voran!

Loslassen sollte nicht mit Fatalismus verwechselt werden. An das wahre Selbst zu glauben und loszulassen ist etwas völlig anderes als passives Denken nach dem Muster: »Es kommt eben, wie es kommt.« Auch bestimmte Erwartungen zu hegen oder auf ein Wunder zu hoffen, ohne sich selbst wirklich zu bemühen, ist kein Loslassen und führt zu nichts. Wendest du dich etwa auf diese Weise an deinen Ursprung: »Bitte gib mir dieses oder jenes!« oder: »Bitte mache, dass es gut wird!«, dann betrachtest du deinen Ursprung als etwas von dir Getrenntes. Lasse deshalb entschlossen und aus ganzem Herzen los, mit unerschütterlichem Glauben an die Buddhanatur in dir.

Bedingungsloses Loslassen

Im Loslassen gibt es keinerlei Raum für Absicht, Begründung oder Rechtfertigung. Was auch immer auf dich zukommt: Überlasse es deinem wahren Selbst, bedingungslos und in absolutem Vertrauen! Lass los, was du verstehst, und auch, was du nicht verstehst. Lass los, ob es dir gut geht oder schlecht. Armut, Krankheit, Glück und Unglück: Lass all das los! Lass alles los, wissend, dass einzig dein wahres Selbst dir den Weg zeigen kann. Durch diese Art des Loslassens kannst du deinen Geist leeren und endlich jene Last ablegen, die seit undenkbaren Zeiten schwer auf deinen Schultern lastet. Loslassen beseitigt den Staub, der sich in Tausenden von Jahren Schicht für Schicht auf deinen Geist gelegt hat. Indem es dein Ich sterben lässt, lässt dich das Loslassen wahrhaft leben.

Mit Theorien, mit schönen Worten oder mit den klugen Gedanken anderer wirst du deine Probleme nicht wirklich lösen können. Auch nicht, indem du dich auf die Möglichkeiten der Wissenschaft oder die Macht der Sutren verlässt. Lass stattdessen einfach alles an deinen Ursprung los, in dem festen Glauben, dass nur dein Ursprung alles lösen kann. Lass ein Mal los, lass zum zweiten Mal los, lass immer wieder los! Auf diese Weise wirst du dich immer mehr an das Loslassen gewöhnen. Lass immer wieder los, bis es dir zur zweiten Natur geworden ist, wie das Ausziehen der Schuhe vor dem Betreten einer Wohnung.* Selbst erbliche oder karmische Probleme können auf diese Weise zum Schmelzen gebracht werden.

An die Leere loslassen

Wohin sollen wir loslassen? An die Leere. Was ist Leere? Leere bedeutet, dass sich alle Lebewesen von Augenblick zu Augenblick wandeln und manifestieren und in Einheit bewegen. Alles ist leer. Daher bist du, der sich in der Leere bewegt, auch leer. Der Leere kann weder etwas hinzugefügt noch etwas weggenommen werden. Alles, mich selbst eingeschlossen, wandelt und manifestiert sich ständig, daher leben wir im Grunde schon loslassend. Auch der Gedanke vom Ich hat keinen Ort, an dem er anhaften könnte. So ist es streng genommen unnötig zu sagen: »Lass los!« oder »Vertraue!« Wie könnten wir denn leben, ohne an die Leere loszulassen? Aber nur wenige Menschen haben das bereits begriffen. Um den anderen zu helfen, die Wahrheit zu verstehen, sage ich ihnen: »Lass an die Leere los!«

Karma ist die unvermeidliche Wirkung dessen, was wir getan haben. Unablässig entspringt es aus unserem Inneren. Weil es von der Leere kommt, müssen wir es dorthin zurückgeben. Manchmal habe ich die Befürchtung, dass die Aufforderung, alles loszulassen, als Nihilismus missverstanden wer-

---

* In Korea und in anderen asiatischen Ländern ist es üblich, beim Betreten der Wohnung die Schuhe auszuziehen.

den könnte. Daher sage ich: »Nehmt die Leere als eine Säule in eurer Mitte und lasst alles dahin los.« Ein Windrad dreht sich, indem es sich auf die Achse in seiner Mitte stützt. Genauso sollst du den Ursprung zu deinem Mittelpunkt machen und ihm alles anvertrauen. Dann kannst du so kraftvoll und frei leben wie fließendes Wasser.

Die zehntausend Wesen und Dinge sind durch den Ursprung direkt miteinander verbunden, und unsichtbare Energie fließt zwischen ihnen hin und her. Wenn Menschen andere zurückweisen oder ablehnen, wenn sie die Dinge bewerten und ihnen anhaften, dann blockiert dies den freien Fluss der Energie. Richtest du dich jedoch nach innen und vertraust alles dem Ursprung an, kann die Energie natürlich und ungehindert fließen, so wie sie gerade gebraucht wird.

Auch wenn ich davon spreche, dass du dich nach innen wenden und dorthin alles loslassen sollst, ist der Ursprung in Wirklichkeit doch weder innen noch außen. Im Ursprung sind alle Dinge des Universums vereint, und der Ursprung existierte bereits vor ihnen. Obwohl er nicht fassbar ist, ist er doch zu fassen.

Die heilsame Wirkung des Loslassens

Wenn du immer weiter alles an den Ursprung loslässt und achtsam die Wirkung betrachtest, dann schmilzt dein Karma, lösen sich deine Gewohnheiten auf und tritt schließlich dein wahres Selbst hervor. Dann wird jegliches Hindernis vor dir weichen. Der Ursprung ist wie ein Briefkasten. Wirfst du etwas hinein und wartest aufmerksam ab, so wird es zugestellt, und du wirst eine Antwort erhalten.

Leute, die zum ersten Mal der Aufforderung begegnen, alles loszulassen, fragen oft: »Ich muss ja auch leben. Wie soll das denn gehen, wenn ich alles loslasse?« Tatsächlich aber kannst du nur dann richtig leben, wenn du loslässt. Unwissende glauben, immer alles planen zu müssen, und machen sich um jede Kleinigkeit Gedanken. Ein Erwachter hingegen verweilt in Ruhe, und ausnahmslos alles, was er tut, ist im Einklang mit dem Dharma. Eine Handlung, die im Loslassen vollbracht wird, ist harmonischer, natürlicher, tiefgründiger, schöner, wahrhaftiger und heilsamer als jede erdenkliche Handlung aus Überlegung und Absicht. Für einen Übenden ist daher alles im täglichen Leben der Weg. Weil er loslässt und in Ruhe verweilt, ist alles, was er tut – Gehen, Stehen, Sitzen und Liegen – in natürlicher Harmonie mit dem Dharma.

Verlässt du dich in deinem Üben allein auf eine körperlichen Methode oder ein konkretes Übungssystem, scheint anfangs das Ziel erreichbar und der Weg zu ihm klar vorgezeichnet. Doch je länger du diesen Weg gehst, desto schwieriger ist er auszumachen, und schließlich endet er in einer Sackgasse. Der Weg des Loslassens und Anvertrauens hingegen mutet anfänglich unbestimmt und vage an, sodass es zunächst schwer erscheint, ihm zu folgen. Dieser Weg wird jedoch beim Weitergehen immer klarer und breiter und führt schließlich zum Tor der Wahrheit.

Die heilsame Wirkung, die durch das völlige Loslassen entsteht, ist ohne Grenzen. Sie löscht jegliches Leid aus. Sie lässt alle Gewohnheiten, die wir in unzähligen Vorleben durch karmische Anziehungskraft in uns angehäuft haben, restlos schmelzen. Ebenso löscht sie nach und nach alle Täuschungen und Verblendungen, die die Schale unseres Herzens bis zum Rand gefüllt haben. Schließlich bleibt nicht einmal mehr etwas zurück, was leer oder voll sein könnte. An diesem Punkt tritt dein wahres Selbst klar zutage. Den geistigen Weg zu gehen, ist ähnlich wie ein Haus zu bauen. Die Erfahrung des wahren Selbst bedeutet, dass das Fundament deines Hauses nun stabil genug ist, um die Mauern zu tragen.

Unablässiges Üben

Die richtige Einstellung

Suche niemals außerhalb von dir! Folge einzig und allein deiner wahren Natur. Weil sie existiert, gibt es die zehntausend Dinge. Nimm daher die Säule deines Herzens als deinen Lehrer.

In diesem Prozess des Selbsterkennens bist du dein eigener Lehrer und dein eigener Schüler. Du lehrst dich selbst, und du lernst von dir selbst. Du lässt los, und du empfängst. Du gibst dich hin, und du bist derjenige, der deine Hingabe annimmt. Die Läuterung deines Herzens ist eine Angelegenheit zwischen dir und deinem wahren Selbst. Suche deswegen nicht außerhalb von dir und lass dich nicht von äußeren Dingen gefangennehmen.

Gott, Buddha, Avalokiteshvara – sie sind alle in dir. Um sie zu finden, musst du zuerst dein inneres Licht entzünden. Erst dann bist du in der Lage, dich und die Welt richtig zu erkennen. Wenn du aber dein eigenes Licht missachtest und stattdessen nach einem höheren Wesen rufst und auf seine Hilfe wartest, werden deine Bemühungen vergeblich sein und keine Früchte tragen. Weil Gott, Buddha und Avalokiteshvara in dir sind, wird keine Antwort von außen kommen.

Wenn die Bedingungen günstig sind, blüht eine Blume von selbst. Als Menschen sollten wir lernen, die eigene Blume gut zu pflegen. Wir sollten lernen, jene Bedingungen in uns zu schaffen, die unsere Blume erblühen lassen. Aber anstatt sich um ein Verständnis ihrer selbst zu bemühen, irren viele Menschen orientierungslos umher auf der Suche nach einer einzigartigen und außergewöhnlichen Methode, mit deren Hilfe sie endlich ihre Augen öffnen können. Ohne dein eigenes Inneres genau zu beobachten, wirst du freilich nirgendwo eine hilfreiche Methode finden. Deshalb solltest du, anstatt im Außen zu suchen, zuerst zu deiner inneren Mitte zurückkehren und alle nach außen gerichteten, umherschweifenden Gedanken dorthin zurückholen. Lass dich nicht blenden von der Erleuchtung anderer, sondern bemühe dich, deine eigene Blume zum Blühen zu bringen. Alles ist in dir bereits vorhanden; hege es sorgsam, damit es von selbst zur Blüte kommen kann.

Für den Übenden gibt es kein Morgen. Für ihn gibt es nur das Hier und Jetzt. Schiebe nichts auf in der Hoffnung, dass sich die Situation irgendwie von selbst verbessern wird. Auch morgen wird sie keinen Deut besser sein, wenn du dich nicht heute darum bemühst. Hier und heute gilt es, dem jetzigen Moment mit wachem Geist direkt ins Auge zu sehen und mit den edlen Schritten eines Elefanten ruhig und stetig voranzuschreiten. »Hier« ist der Mittelpunkt aller Weltensysteme, und »Jetzt« ist der Zeitpunkt der Geburt Buddhas, der Augenblick, der alle Zeiten umfasst. Übende wissen, dass es nicht mehr gibt als diesen Tag, diesen Augenblick. In ihm stirbst du, in ihm wirst du geboren. Nur in ihm kannst du den Weg gehen.

Geh mit Schritten, die keine Spur hinterlassen!
Werde ein wahrer Held, der nichts ablehnt, was kommt,
sondern alles bejaht.
Fälle keine Urteile.
Halte nicht die Kommenden auf.
Halte nicht die Gehenden fest.
Werde ein wahrer Held, der alles annimmt.
Werde ein wahrer Held, den nichts beeinflusst
und der an nichts anhaftet.
Werde ein wahrer Held, der einfach ist
und zugleich groß.

Ein wahrer Held schreitet tausend Meilen in einem Schritt, während der Kleinmütige tausend Schritte macht und dabei keinen Fußbreit vorankommt.

Üben bedeutet, in Gleichmut zu leben. Erleuchtung kommt in das gelassene und offene Herz. »Ich möchte schnell Erleuchtung erlangen.« »Ich möchte schnell von den Leiden, in denen alle Lebewesen gefangen sind, befreit werden.« Solche Gedanken und Wünsche lassen unser Herz unruhig und eng werden. Je mehr wir etwas haben wollen, desto weiter entfernt es sich. Verweilst du in Ruhe, so kommt es von selbst. Das ist das Geheimnis des Weges.

Als Übender musst du absolut ehrlich zu dir selbst sein. Denn dein Ursprung ist der Ort Buddhas, der Ort der Leere und bar aller festen Vorstellungen. Keine Beschönigung, keine Ausrede und keine Rechtfertigung kann dort einen Platz finden.

Am besten ist es, die Dinge auf natürliche Weise kommen zu lassen. Plane nicht mit dem Kopf, wie etwas erreicht werden kann, sondern vertraue alles deinem Ursprung an und lass es geschehen. Dein Ursprung ist die Quelle aller Wahrheit und somit vollständig dazu in der Lage, sich um alles zu kümmern, was du ihm anvertraust. Jedem ist es möglich, die Kraft des Ursprungs zu erfahren. Jeder kann sie erleben. Diese Erfahrung wird dir die Augen öffnen, welche grenzenlosen Fähigkeiten in dir verborgen sind, und dich mit tiefer Dankbarkeit deinem eigenen Selbst gegenüber erfüllen.

Zweifle niemals daran, dass auch ein gewöhnlicher, unwissender Mensch wie du mit solchen Fähigkeiten ausgestattet ist. Der häufigste Grund, weshalb Menschen in Unwissenheit verharren, liegt in dem Umstand, dass sie aufgeben, ohne es überhaupt versucht zu haben.

Betrachte, wie das Wasser fließt. Trifft es auf eine Mulde, so füllt es diese und fließt weiter. Trifft es auf einen Felsen, so fließt es, ihn umarmend, um ihn herum. Suche in gleicher Weise nach deiner wahren Natur.

Meditation

Was ist Meditation? Möchtest du sitzen, dann sitze. Möchtest du stehen, so stehe. Möchtest du arbeiten, dann arbeite. Du kannst beim Laufen denken und beim Denken laufen. All das ist Meditation. »Sitzen in Stille« bedeutet inmitten des Lebens einen stillen Geist zu bewahren. Wenn du alles an den Ursprung loslässt in dem Glauben, dass alle zehntausend Dinge aus ihm kommen und zu ihm zurückkehren, dann wirst du stets in Stille sein. Daher ist Meditation zu jeder Zeit und überall möglich. Es ist der Geist, der sitzt, nicht der Körper.

Viele Menschen tun sich anfangs schwer mit der Praxis, alles dem eigenen Ursprung anzuvertrauen. Sie wissen nicht, was sie tun sollen, wenn sie ohne Wenn und Aber einfach dazu aufgefordert werden, loszulassen. Zu wenig konkret, zu vage kann einem diese Aufforderung vorkommen. Da scheint man leichter voranzukommen, wenn man sich an ein konkretes Mittel zum Üben hält wie zum Beispiel die Sitzmeditation. Aber dein Geist kommt nicht zur Ruhe, nur weil du sitzt. Meditation beginnt im Geist, nicht im Körper. Man kann den Geist nicht mit dem Körper einfangen. Deshalb sollst du zuerst mit deinem Geist üben. Das Fundament dabei muss dein ursprünglicher GEIST sein, nicht dein falsches Selbst, dein »Ich«. Wenn du dies beherzigst, wirst du viele verschiedene Mittel mit Gewinn einsetzen können. Vertraust du aber auf etwas anderes als auf deinen ursprünglichen GEIST, kommt das dem Versuch gleich, einen Schatten einzufangen. Ist die grundsätzliche Ausrichtung falsch, wirst du unweigerlich in die Irre gehen.

Stetiges Üben in innerem Schweigen, verbunden mit einem tief wurzelnden, inbrünstigen Glauben, das ist wahre Meditation. In diesem Zustand gibt es weder den Gedanken »Ich tue« noch »Ich sitze«. Worte schweigen, Bewegung kommt zur Ruhe. Das ist die lebendige Meditation, die du immer und überall üben kannst.

Entzünde das Licht deines Herzens und lass es leuchten, Tag für Tag. Nichts anderes ist Zen. In deinem täglichen Leben nicht der Illusion des Ichs nachhängen, sondern alles dem wahren Selbst anzuvertrauen und einen unerschütterlichen GEIST zu bewahren, ob du dich im Himmel befindest oder durch die Hölle gehst – das ist wahre Meditation. Ihre Grundlage ist der felsenfeste Glaube an das wahre Selbst, deine wahre Natur.

Natürlich kann man die Meditation üben, indem man an einem ruhigen Ort in Stille sitzt. Aber dies ist nicht die einzige Möglichkeit. Das tägliche Leben selbst ist der Ort der Meditation. Die ganzen Stunden des Tages können Meditation sein. Selbst wenn du während des Tages manchmal die Verbindung zum wahren Selbst verlierst, geht die Meditation weiter, als wäre sie nie unterbrochen worden, sobald dir die dich bewegende und führende Kraft wieder bewusst wird.

Es gibt unzählige körperliche Schulungsmethoden, aber sie alle nützen gar nichts, wenn sie nicht im GEIST verankert sind. Wenn du die geistige Schulung wirklich verinnerlicht hast, kannst du jedes Mittel anwenden, sei es Yoga, Sitzmeditation, Kontemplation oder etwas anderes. In der Schulung des Geistes gibt es keinen Königsweg.

Koan-Übung

Das Leben selbst ist ein *Koan*[34]. Deshalb ist es nicht nötig, ein Koan zu erhalten. Das Dasein selbst ist ein Koan. Wenn du dich mit einem Koan beschäftigst, das dir von jemand anderem gegeben wurde, wann willst du dann dein eigenes Koan lösen? Die Beschäftigung mit einem fremden Koan ist wie das Drehen einer leeren Mühle.

Dein Körper ist ein Koan. Dass du geboren bist, ist ein Koan. Die Arbeit, die du gerade verrichtest, ist ein Koan. Das weite und stille Universum ist ein Koan. Willst du diesem wirklich noch ein weiteres Koan hinzufügen? Wann würdest du dann dazukommen, diese grenzenlose, tiefe Welt zu kosten?

Ein Gefäß ist offen und leer. Welchen Nutzen willst du daraus ziehen, wenn du es mit dem Koan »Was ist das?« betrachtest? Mit dieser Frage blockierst du, was eigentlich offen und leer ist. Ein Koan ist nur ein Beispiel für ein geschicktes Mittel, das wir vorübergehend nutzen, um eine Grenze zu überwinden. Leicht aber geschieht es, dass du das Mittel in der Hand behältst und beispielsweise ständig fragst: »Was ist das?« Dadurch verwirrst du dich selbst. Lass los, was du weißt, und lass los, was du nicht weißt. Wenn du auf diese Weise loslässt und weitergehst, tauchen Fragen auf, die aus deinem Ursprung kommen. Sie sind wahre Koans. Übe mit dem, was dir jetzt gerade widerfährt. Der Samen in dir ist bereits ausgekeimt und steht im Begriff zu einem großen Baum heranzuwachsen. Was erhoffst du dir davon, wenn du dich mit dem Samen eines anderen beschäftigst und dabei deinem eigenen Baum keine Beachtung schenkst?

Alles verändert sich, alles wandelt sich ständig. Das ist das Gesetz der Welt. Versuche in Einklang mit dieser Wahrheit zu leben. Manche Übenden haften jedoch so fest an einem Koan, dass sie es nicht mehr aus der Hand geben können. Das Koan »Was ist das?« ist ein Mittel, den Übenden zur Aufgabe seiner festen Gedanken und vorgefassten Urteile zu bewegen. Bleibt man aber an ihm kleben, kommt man keinen Schritt weiter. Erhältst du ein Koan, so vertraue es ganz und gar deinem Ursprung an und überlasse ihm die Lösung. Benutzt du deinen Verstand, um mit Konzepten und Ideen zu spielen und dadurch das Koan zu lösen, wird es von keinerlei Nutzen sein.

Guan[35] – die tiefe Schau

Lass alles, wie es gerade kommt, an deinen Ursprung los und betrachte in tiefer Schau das wahre Selbst. Hör niemals damit auf, loszulassen und achtsam zu betrachten, selbst dann nicht, wenn der Himmel einstürzen sollte. Warum ist es so wichtig, alles an den Ursprung loszulassen und in tiefer

Schau achtsam zu betrachten? Alles, was dir widerfährt, ist in deinem Ursprung in Einheit verbunden. Nichts existiert für sich allein. Weil alles in Einheit ist, gibt es im Grunde nichts zu betrachten. Um zu dieser Erkenntnis zu gelangen, musst du jedoch loslassen und betrachten. Übst du auf diese Art und Weise, wird sich mit der Zeit dein Üben vom Loslassen und Betrachten verwandeln, und du wirst den erkennen wollen, der betrachtet, was dir im Innen und Außen begegnet. Dadurch wird sich dir schließlich das wahre Selbst offenbaren.

In tiefer Schau betrachten (*Guan*) bedeutet nicht, um etwas zu bitten. Den Ursprung um Hilfe anzurufen ist etwas anderes als loslassen und betrachten. Vertraue auf den Ursprung, überlasse alles ihm und höre nicht auf zu betrachten. Betrachte aufmerksam, wie alles in deinem inneren Computer gespeichert wird, und nimm wahr, was geschieht. Verbinde dich mit dem Buddha in dir und betrachte, wie die Dinge, die du ihm anvertraut hast, harmonisch weiterfließen. Nicht bei dir selbst, sondern bei anderen zu suchen, kann nichts Heilsames entstehen lassen.

Höre nicht auf zu betrachten. Betrachte deine eigenen Schritte. Nimm wahr, wer spricht, hört und sieht. Betrachte denjenigen, der im täglichen Leben alles tut. Suchst du nach der Wahrheit außerhalb des täglichen Lebens, wirst du sie niemals finden. Schaue achtsam, wie du weinst, lachst, leidest und dich freust. Gibt es wirklich etwas, worüber du weinst oder lachst? Gibt es den Lachenden oder Weinenden wirklich? Betrachte achtsam und tief.

Selbst wenn du dich in einer Notsituation befindest, die deine Fähigkeit bei Weitem zu übersteigen scheint: Glaube fest daran, dass Juingong, dein Ursprung, sich darum kümmern wird. Ohne festen Glauben kannst du die innere Schatzkammer nicht aufschließen. Trenne dich von dem Gedanken, fähig oder unfähig zu sein. Glaube an dein wahres Selbst. Es kann Dinge tun, die du nicht vermagst. Unterschätze deine Möglichkeiten nicht.

In festem Glauben an das wahre Selbst lass los und schaue, was herauskommt. Bitte nicht um etwas, wenn du feste Vorstellungen daran knüpfst. Das Karma, das im Laufe unserer unzähligen Leben angehäuft wurde, übersteigt jede Vorstellungskraft. In verschiedenen Situationen und zu verschiedenen Zeitpunkten wird es durch das Gesetz von Ursache und Wirkung freigesetzt. Deshalb sollst du, was immer dir widerfährt, bedingungslos dem wahren Selbst anvertrauen. Betrachte, wie mit dem Loslassen das Gespeicherte gelöscht wird.

Während du loslässt und betrachtest, solltest du deinen Ursprung und dich nicht als zwei sehen. Das Ich und der Ursprung sind ursprünglich eins. Du bist derjenige, der loslässt und gleichzeitig der, an den losgelassen wird. Ebenso gibt es keinen Unterschied zwischen dem, der betrachtet, und dem, was betrachtet wird. Solange du zwischen dem Sehenden und dem Gesehenen unterscheidest, ist es kein wahres Betrachten.

5
Erleuchtung

Der Weg, der zum Erwachen führt

Erleuchtung bedeutet nicht, dass du ein unerleuchtetes Ich ablegst, um ein anderes Ich, das ein Buddha ist, zu finden. Du bist bereits ein Buddha. Es gibt weder ein Ich, das abzulegen wäre, noch eines, das zu suchen oder zu finden wäre. Lass einfach deine Täuschungen und Verblendung los, dann wirst du erkennen, dass du ein Buddha und bereits vollkommen bist. Nach dem Erwachen wirst du herzlich darüber lachen, wie viel Mühe es dich gekostet hat, schließlich du selbst zu sein. Dieses Lachen ist das Lachen der Befreiung.

Erleuchtung heißt, in der Welt von Werden und Vergehen zu leben, ohne an Leben und Tod zu haften. Sie ist das Wissen, dass es nicht darum geht, diese Welt zu verlassen, um in eine andere Welt zu gelangen. Sie ist die Erkenntnis, dass nicht das Überwinden der Wirrsale zur Erleuchtung führt, sondern dass die Wirrsale selbst Erleuchtung sind. Sie ist die Einsicht, dass es kein absolutes Ich gibt über jenes Ich hinaus, das sich mit Täuschungen, Sorgen und Leiden plagt. Das Ich, das denkt, hört und in Täuschungen gefangen ist, eben das ist der ALLGEIST und die Erleuchtung.

Das Wissen um die Vergänglichkeit und Nichtwesenhaftigkeit der Dinge wird gelegentlich auch als Vorwand genutzt, sich nicht um diese Welt kümmern zu müssen. Richtest du dich aber nur auf die Leerheit aus und vernachlässigst dabei die materielle Welt, so gehst du nicht den Mittleren Weg. Wenn wir nur eine Seite sehen und dabei die andere nicht beachten, haben wir den Mittleren Weg, ohne den es keine Erleuchtung gibt, schon verlassen.

Um dich selbst vollständig zu erkennen und zur Wahrheit zu gelangen, musst du dreimal sterben. Mit dem ersten Sterben wirst du dich selbst erkennen. Mit dem zweiten Sterben wirst du die Nichtzweiheit aller Wesen erkennen. Mit dem dritten Sterben wirst du in der Lage sein, dich in Nichtzweiheit zu manifestieren. In anderen Worten ausgedrückt: Du musst drei Stufen, die keine Stufen sind, überwinden. Zuerst gilt es, alle Dinge und Hindernisse an deinen Ursprung zurückzugeben. Wenn du diesen inneren Vorgang stetig verfolgst, wirst du schließlich dein wahres Selbst entdecken. Gehst du weiter, wird auch dieses Selbst im Nichtselbst[36] aufgehen, und du kannst erkennen, dass nichts getrennt von dir existiert. Lässt du auch diese Erkenntnis los, wird schließlich auch das Nichtselbst schmelzen. Dann erreichst du die Leere und kannst dich in Nichtzweiheit frei manifestieren. Auch wenn auf dem Weg verschiedene Stufen beschrieben werden können, trägt das Voranschreiten auf allen Stufen dieselben Merkmale: sich nach innen wenden, nichts als getrennt von dir betrachten und sogar die Nichtzweiheit loslassen.

Wer in tiefem Glauben übt, für den gibt es keine hohe oder niedrige Stufe. Es gibt nur den Weg. Das nennt man die stufenlosen Stufen. Dieser Weg muss unermüdlich gegangen werden.

Das wahre Selbst entdecken

Die erste Stufe auf dem geistigen Weg dauert an, bis sich durch das Loslassen deines unwissenden Ichs dein wahres Selbst offenbart. In dieser Zeit stirbst du zum ersten Mal und wirst gleichzeitig neu geboren. In der ersten Stufe musst du Juingong, den Ursprung, fest in die Mitte deines Herzens hineinstellen, sämtliche nach außen strebende Ichbezogenheit dorthin loslassen und alle auftauchenden Schwierigkeiten und Hemmnisse dem Ursprung übergeben. Auf dieser Stufe ist der Glaube das Wichtigste. Juingong, dein Ursprung, ist Anfang und Ende, ewig und grenzenlos. In dieser unerschütterlichen Geisteshaltung musst du ihm alles anvertrauen. Voller Sehnsucht und Hingabe muss dein Herz nach dem Ursprung dürsten, und du musst dein unter allen möglichen Schmerzen und Nöten leidendes Bewusstsein stets an ihn loslassen. Das benötigt großen Mut, denn im Prozess des Loslassens stirbt das, was du bisher als dein Ich angesehen hast.

Auf dieser Stufe übst du dich darin, alle Täuschungen zu zerstören, die durch deine selbstbezogenen Gedanken hervorgerufen wurden. Wenn du dich in diese Übung so weit vertiefst, dass sie von deiner Wahrhaftigkeit und Reinheit völlig durchdrungen ist, offenbart sich inmitten dieser Versenkung deine wahre Natur. Das ist wie die Geburt eines Kindes.

Aus der Sicht des unerwachten Ichs ist es Sterben, aus der Sicht des Ursprungs aber ist es eine Geburt. Wenn die wahre Natur erscheint, wirst du von unbeschreiblicher Glückseligkeit erfasst. Aber das ist noch nicht das Ende. Ab jetzt musst du als dein eigener Meister leben. Jetzt erst beginnt das wirkliche Üben.

Denn auch wenn du dein wahres Selbst erkannt hast, musst du weitergehen. Nun beginnt eine äußerst schwierige Zeit. Durch die Erfahrung deiner wahren Natur verfängst du dich nicht mehr in Hindernissen und verweilst in innerem Frieden. Leicht könntest du dich in diesem angenehmen Zustand einrichten und der Täuschung verfallen, dass das Ziel bereits erreicht ist. Da du unsäglich große Schwierigkeiten überwinden musstest, um dorthin zu gelangen, bist du voller Freude. Direkt aus der Quelle trinkst du nun das süße Wasser des Lebens, dessen Geschmack die noch im Leid gefangenen Menschen nicht einmal erahnen können. Dadurch könnte Stolz auf das Erreichte in dir aufsteigen. Dann tust du dich schwer mit der Vorstellung, dass es noch höhere Stufen gibt. Da du von noch höheren Stufen bislang weder etwas gehört noch etwas gesehen hast, kommst du gar nicht auf die Idee, dass du noch nicht angelangt bist. Was über dir ist, liegt für dich im Dunkeln. Schaust du jedoch nach unten, dann siehst du dort das Gewimmel unzähliger Menschen. So gerätst du in die Versuchung, dich zu überschätzen. Da es nur unten hell, oben aber dunkel ist, kannst du leicht in die Irre gehen.

Es ist kaum möglich, die vollkommene Erleuchtung auf einmal zu erlangen. In verschiedensten Formen bist du in endloser Zeit durch zahllose Leben gegangen. Die Gewohnheiten, die du dabei angesammelt hast, sind zu viele, als dass du sie mit einem Mal abwerfen könntest. Deshalb solltest du nicht darauf hoffen, sie alle auf einmal loszuwerden, sondern sie, so wie sie kommen - eine Gewohnheit nach der anderen -, loslassen, die Befreiung erfahren und das Erfahrene innerlich festigen.

Mit dem Überlassen an den Ursprung löst sich das Karma auf und verlöschen deine Gewohnheiten. Durch Loslassen und wieder Loslassen wächst du. Auch wenn du eines Tages plötzlich erwacht sein solltest, mach daraus keine große Sache. Vielmehr solltest du auch dann nichts in Zweiheit betrachten, sondern noch einmal sterben.

Ein Buddha werden

Auf der Stufe des zweiten Sterbens erlangst du geheimnisvolle, sogenannte »übernatürliche« Fähigkeiten. Aber sogar sie sind Hemnnisse, die es loszulassen gilt. Gib die fünf übernatürlichen Fähigkeiten[37] an deinen Ursprung zurück, so wie sie in dir aufkommen, und gehe weiter.

Manchmal kommen auch Menschen, die sich nicht lange um geistige Schulung bemüht haben, in den Besitz solcher Fähigkeiten. Sie wissen nichts von der Nichtzweiheit und sind auch nicht darin geübt, die Fähigkeiten wieder an den Ursprung zurückzugeben. Oft glauben sie dann, dass sie den größten Schatz gefunden hätten. Indem sie alles daransetzen, ihre jeweiligen Fähigkeiten weiter zu mehren, vergeuden sie ihre Zeit auf einem Weg, der niemals zur Befreiung führen kann. Solche Menschen stehen in großer Gefahr, als Wahrsager zu enden oder sogar wahnsinnig zu werden.

Wer aber erkannt hat, dass das HERZ der anderen und das eigene HERZ nicht verschieden sind, und in diesem Wissen alle Fähigkeiten dem Ursprung überlässt, der verwirklicht das Nichtselbst. Auch im Zustand des Nichtselbst befindet sich der GEIST noch nicht in absoluter Leerheit. Der GEIST ist zwar da, aber er weilt in der Stille.

Vertieft sich der Zustand des Nichtselbst weiter, wird schließlich die Frage, ob das Ich existiert oder nicht, gegenstandslos. Das, was sich gewöhnliche Menschen unter »Ich« vorstellen, gibt es nicht mehr. Trotzdem lebst du und erledigst deine alltäglichen Pflichten, aber all dies in einem Zustand der vollkommenen Leere, in dem auch das Nichtselbst ausgelöscht ist. Dieser Zustand wird »vollkommen leer« genannt, nicht weil da nichts vorhanden wäre, sondern weil du aller Dinge ledig und frei bist. Da in dieser Leere auch das Nichtselbst geschmolzen ist, ist sie bar aller Befleckungen, frei von jeglichem Leid.

Nirvana

Um die vollkommene Leere zu erreichen, musst du, nachdem du bereits zweimal gestorben bist, noch einmal sterben. Und du musst es geheim halten. Auf der Stufe der Leere erkennst du das allerhöchste Prinzip der Manifestation: Obwohl »du« und »ich« eindeutig und klar vorhanden sind, gibt es kein »du« und »ich«, sodass du zu mir werden kannst und ich zu dir. Diese vollkommen freie Manifestation ist möglich, weil der GEIST keine beständige Form hat und deshalb in tausend oder zehntausend verschiedenen Formen erscheinen kann. Aus diesem Grund wird der GEIST auch die »hundert Milliarden Verwandlungskörper« genannt.

Die Dimension der freien Manifestation eröffnet sich erst nach dem dreimaligen großen Tod. Die Geschichte aus dem *Vimalakirti-Sutra*[38], dem zufolge der Buddha einst fünfhundert Schirme, die ihm von seinen Schülern dargereicht wurden, zu einem einzigen formte, ist kein Märchen, sondern eine Tatsache. Auch ist es wahr, dass sich auf diesem Schirm ringsherum alle dreitausend Großtausendwelten widerspiegelten. Die Dimension der Leere ist voller Wunder und schöpferischer Kraft. Hast du sie erreicht und verweilst in Versenkung, so bist du Buddha. Formst du einen Gedanken, so wirkst du als Bodhisattva in grenzenlosem Mitgefühl für die unwissenden Wesen aller drei Welten. Es ist absolut unmöglich, diese Dimension mit Worten zu beschreiben.

Es ist nicht das letzte Ziel, sich selbst zu erlösen oder Leben und Tod zu überwinden. Durch die geheimnisvolle, unerschöpfliche Kraft des Buddhadharmas kannst du – mit dem Ohr, das kein Ohr ist – die Wünsche der Bedürftigen genauestens vernehmen und – mit der Hand, die keine Hand ist – ihnen geben, was sie gerade benötigen. Mit der Kraft des Buddhadharmas kannst du sogar die materielle

Welt frei gestalten. In den Augen der unwissenden Wesen sind die Gesetze der materiellen Welt nicht zu beugen. Und doch sind auch sie in der Hand Buddhas. Auch sie werden von der Dharmawelt bewegt. Aus diesem Grund geschieht in dieser Welt nichts, wenn die Dharmawelt nicht zustimmt. Diese Dimension und diesen Sinn zu verstehen, ist nicht leicht.

Wenn du die absolute Freiheit gewonnen hast und durch nichts gehindert wirst; wenn du dich frei manifestieren, auf alle Wünsche eingehen und das Dharmarad drehen kannst; wenn du mit einem Gedanken dreitausend Großtausendwelten auflösen und ihr gesamtes Karma auf deinen Rücken nehmen kannst; wenn du all dies vermagst, dann hast du das Nirvana[39] erreicht. Bist du des Gedankens ledig, dass du das Nirvana erreicht hast, so weilst du im »Nirvana ohne Überrest«. Wer dort eingetreten ist, kann auch in das »Nirvana der Existenz« zurückkehren. Den Ort, an dem weder Knochen noch Fleisch, an dem also absolut nichts vorhanden ist, diesen Ort musst du erreichen.

Der Mittlere Weg

Wer die Welt der Erleuchtung und die Welt der Verblendung in Nichtzweiheit und Gleichheit reibungslos und einträchtig zu drehen vermag, der geht den Mittleren Weg[40].

Es ist unnütz zu denken, eine Seite wäre nichtig und nur die andere Seite wäre etwas wert. Lass beide Seiten los. Es gibt nichts, was nur bejaht oder nur verneint werden kann. Der Drang, etwas gutzuheißen oder es abzulehnen, kommt aus deinen festen Vorstellungen. Umarme sowohl das Positive als auch das Negative. Lass beide Seiten gelten. Nicht nur auf dem linken, nicht nur auf dem rechten Fuß: Auf beiden Füßen musst du stehen! Auf beiden Füßen, so wie sie sind! Dass Buddha aus den Rippen der Maya[41] geboren wurde, ist ein Symbol für den Mittleren Weg.

Wirf nicht eines weg, um das andere zu behalten. Es ist keine Frage der Wahl. Du musst fähig sein, dich sowohl um das eine als auch um das andere gleichzeitig zu kümmern. Verliere dich also nicht in Leere und verfalle auch nicht der Form, sondern schließe die sichtbare und die unsichtbare Hälfte der Welt zum Ganzen zusammen. Der Mittlere Weg führt weder nach oben noch nach unten. Er umfasst die ganze unermessliche Leere.

Die erlösende Wirkung des Erwachens

Hast du die Wahrheit erlangt, wirst du nicht länger ein Sklave des Karmas sein. Befreit aus dem Kreislauf der Wiedergeburten, nicht länger bestimmt von inneren und äußeren Begrenzungen, bist du endlich wahrhaft frei. Da du nicht mehr in deinem Ich gefangen bist, manifestierst du dich je nach Situation als Arzt, als Krankenschwester, als Richter, Staatsanwalt oder Rechtsanwalt. Bald bist du Präsident, bald Bauer, bald eine Wirtsfrau, die ihren Gästen Wein einschenkt. Durch dein unveränderliches, wahres Selbst kannst du zu allem werden, was gerade benötigt wird. In unzähligen Formen manifestierst du dich und drehst und nutzt das Rad der zehntausend Erscheinungen, ohne von irgendetwas gehindert zu werden. Das ist die Fähigkeit eines wahrhaft freien Menschen.

In deinem ursprünglichen GEIST ist jegliche Existenz, jegliche Wahrheit enthalten. Hast du deinen Ursprung erkannt, gibt es nichts, was nicht Tor, was nicht Gesetz, das nicht unendlich kostbar wäre.

Erwacht auch nur ein einziger Mensch, so verbreiten sich die Samen seiner Erleuchtung in alle Welt. Es mag unendliche Mühen kosten, Erleuchtung zu erlangen. Ist aber einer erwacht, so verbreiten sich unzählige heilende Samen des Lebens nicht nur in dieser, sondern in allen Welten.

Teil III
Die Einheit erfahren

6
Üben im täglichen Leben

Weisheit erwächst aus der Erfahrung

Obwohl die Wahrheit, die der Buddha gelehrt hat, so erhaben, umfassend und kostbar ist, erhält sie ihren Wert einzig aus der Anwendung und Erfahrung im alltäglichen Leben. Ohne praktische Umsetzung ist sie wie heilkräftige Nahrung, die nur betrachtet, aber nicht gegessen wird. Ein Hungriger mag sie sich zehn- oder auch hundertmal anschauen und wird doch nicht satt werden. Um Hunger und Durst zu stillen, muss er zugreifen und die Nahrung zu sich nehmen. Willst du also die Wahrheit wirklich erkennen, so musst du sie im täglichen Leben durch deinen Körper und Geist selbst erfahren. Wenn du die Erfahrungen deines Lebens, deines Körpers und deines Geistes geringschätzt, wo willst du denn dann nach der Buddhalehre suchen? Buddha lehrte die Menschen, die Wahrheit selbst zu erfahren, weil dies der einzige Weg ist, wahrlich frei zu werden.

Wozu nützt es dir, Pfeiler, Balken, Dachsparren und anderes Baumaterial. beim Namen zu kennen, wenn du dein Wissen nicht dazu benützt, ein Haus zu bauen? Die Beschäftigung mit der Lehre, ohne sie anzuwenden, ist Anhäufung von totem Wissen. Das Ziel der Buddhalehre liegt ausschließlich in der Verwirklichung, nicht im Erwerb von Wissen. Deshalb ist ein Mal tun besser als hundertmal lesen. Weisheit erwächst nur aus Anwendung und Erfahrung.

Aus der Sicht der Wahrheit ist Tun einfacher als Reden. Worte können an der Sache vorbeigehen und leicht missverstanden werden. Tun jedoch ist unzweideutig und konkret. Dennoch geschieht es häufig, dass sich Menschen in Worten verfangen und darüber streiten, was richtig und falsch ist, anstatt die Lehre in die Tat umzusetzen und direkt selbst zu erfahren.

Streite nicht über Theorien, sondern erprobe sie, ohne sie zu zerreden! Streite nicht darüber, ob eine Melone reif ist oder nicht, schneide sie auf und koste! Die wahre Meditation liegt im Tun. Alle Erscheinungen sind offenbarte Meditation. Wer behauptet, die Wahrheit sei vom Leben getrennt, wird niemals Erleuchtung erlangen.

Einst fragte eine Kaulquappe einen Frosch, wie die Erde außerhalb des Wassers rieche. Leider nützten ihr die wortreichen Erklärungen des auskunftswilligen Froschs gar nichts. Um die Welt außerhalb des Wassers zu erfahren, musste die Kaulquappe selbst Frosch werden und ans Ufer steigen. Dann roch sie die Welt mit eigener Nase.

Auch wenn du jahrzehntelang den Buddhismus studiert hast oder einem Meister treu gefolgt bist, hast du wenig gewonnen, wenn du weder selbst das frische Quellwasser zu trinken noch es andern weiterzureichen vermagst. Wie kannst du so deine alten Schulden begleichen, wie kannst du anderen Weisheit und Licht schenken? Obwohl du bereits zu 99 Prozent ein Buddha bist, wirst du auf ewig ein unwissendes Wesen bleiben, wenn du die Lehre nicht in die Tat umsetzt.

Das Leben selbst ist Dharma

Der Dharma ist eine Frucht mit zehntausend Aromen, eine Blume mit zehntausend Düften. Übende sind Bauern, die diese Frucht kultivieren, sind Gärtner, die diese Blume aufziehen und pflegen. Diese Art der Aufzucht und Pflege ist ganz und gar erfüllend und bringt reiche Ernte ein. Dennoch brauchst du dabei die Angelegenheiten deines täglichen Lebens nicht zu vernachlässigen. Du kannst die Lehre Buddhas kultivieren und pflegen, während du deiner täglichen Arbeit nachgehst. Dein tägliches Leben versorgt dich mit den Erfahrungen, die dir dabei helfen, die Praxis des Buddhadharmas zu vertiefen. Der Alltag ist das Übungsfeld, auf dem sich die Aromen und Düfte des Dharmas entfalten.

Dharma ist das Gesetz der Wirklichkeit und das Gesetz des täglichen Lebens. Wenn du dein Denken und Handeln mit der Wahrheit in Einklang bringen kannst, wird sich dir die wunderbare Weisheit offenbaren, mit deren Hilfe du nicht nur deine eigenen Probleme, sondern auch die der Gesellschaft und des Landes lösen kannst. Weder die Religion noch der Weg zur Erleuchtung sind vom täglichen Leben getrennt.

Dharma umfasst alle Tätigkeiten deines Lebens, alles Denken, Sprechen und Handeln. Deshalb ist die Wahrheit, die von jedem Buddha gelehrt wird, nicht auf die Dharmahalle beschränkt. Sie existiert überall: in deinem Wohnzimmer, in der Küche und am Arbeitsplatz. Ob Laien oder Mönche, jeder kann gleichermaßen den geistigen Weg gehen, indem er die Aufgabe erfüllt, die ihm gerade zuteilwird.

Ist das Fass rund, muss auch der Deckel rund sein. Du musst den geistigen Weg gehen, indem du jede Lebenssituation annimmst und deine Praxis ihr anpasst. Geh stetig voran, ohne etwas zu überspringen oder etwas beiseitezuschieben. Schreite inmitten deines Lebens mit all seinen Umständen und Gegebenheiten voran, indem dein Geist deinen Körper und gleichzeitig dein Körper deinen Geist führt.

Hindernisse und Leiden

Im Laufe des Lebens stößt du auf unzählige Hindernisse. Manche kommen von außen, andere entstehen in dir. Woher sie auch kommen, letzten Endes bist du selbst der Grund all dieser Hindernisse. Manche Probleme scheinen auf den ersten Blick nicht mit dir in Verbindung zu stehen. Aber auch sie können nur entstehen, weil du da bist. Deshalb gibt es kein Problem in deinem Leben, das nicht mit dir in Verbindung steht. Letzten Endes sind alle Hindernisse nichts anderes als die in anderer Gestalt erscheinenden Ergebnisse der Gedanken, Worte und Handlungen, deren Samen du in endlosen Kalpas selbst gesät hast. Das Karma von gestern wird zum Hindernis von heute, und wie du damit umgehst, formt das Karma, das dir morgen erneut als Hindernis begegnet. Solange du die Hindernisse, die dir widerfahren, ständig bewertest und sie in »gut« und »schlecht« unterteilst, werden sie im Speicher der Zukunft gesammelt und dir später in einer anderen – oft noch unangenehmeren – Gestalt wieder begegnen.

Auch wenn dir jemand Schwierigkeiten bereitet, betrachte sie oder ihn niemals als getrennt von dir. Lasse die Unterscheidung zwischen deinem »Ich« und dem »Gegenüber« ruhen. Lass dich nicht von schönem Aussehen blenden, lass dich von etwas Großem nicht klein machen. Die anderen sind da, weil du da bist. Und weil du da bist, können allerlei Schwierigkeiten entstehen. Weil aber das ganze Universum im ALLGEIST verbunden ist, sind alle Schwierigkeiten nichts anderes als dein eigener GEIST. Also lass dich von nichts erschüttern. Wem auch immer du begegnest, ob Buddha, Teufel oder einer mächtigen Gottheit, sie alle sind nichts als eine andere Form deiner selbst.

Lass dich nicht entmutigen, wenn du in Not oder Bedrängnis gerätst. Statt zu fragen: »Warum nur muss ich solche Schicksalsschläge erdulden?«, solltest du die Gelegenheit wahrnehmen und denken: »Endlich kommt die Chance, zu wachsen!« Welche Wahl du triffst, welche innere Haltung du einnimmst, das entscheidet über deine Zukunft. Du hast die volle Freiheit, über deine Zukunft zu bestimmen.

Ein schwieriger Umstand ist in Wirklichkeit auch nur eines der vielen Gesichter deines Ursprungs, das dich etwas lehren will. Versuche daher nicht, dich zu rechtfertigen, wenn du, von einer Situation überrumpelt, die Verbindung zu deinem ursprünglichen GEIST verloren hast. Das bringt dich nicht weiter. Betrachtest du stattdessen die Situation voller Achtsamkeit, so wirst du der liebevollen Bemühung deines Ursprungs gewahr werden, der dir bei deiner Entwicklung helfen möchte. Wenn du dies einmal erkannt hast, so kannst du gar nicht anders, als selbst für schwierige Umstände zutiefst dankbar sein. Erfahrungsgemäß sind es gerade die Schwierigkeiten, die uns besonders voranbringen. Betrachte sie daher als eine kostbare Gelegenheit, dich weiterzuentwickeln, und versuche, sie mit Weisheit zu bewältigen. Je höher der Berg, den es zu überwinden gilt, desto wertvoller die Erfahrungen, die er dir schenken kann.

Schwierigkeiten still anzunehmen heißt nicht, sie einfach zu erdulden. Es bedeutet vielmehr zu erkennen, dass alle Hindernisse von Anfang an leer und von dir selbst verursacht sind. Deine Schwierigkeiten sind Wegweiser, die dich leiten, sind Meißel, die dich formen. Du hast sie selbst verursacht, um dich durch sie zu entwickeln. Wer aber Schwierigkeiten nur erduldet, ohne ihre wahre Bedeutung zu erkennen, der lehnt sie in seinem Herzen ab und vergibt sich die Möglichkeit, an ihnen zu wachsen.

Traum ist Wirklichkeit und Wirklichkeit ist Traum. Betrachte Traum und Wirklichkeit nicht als zwei verschiedene Sachen. Wer die Wirrsale der Wirklichkeit als Traum erkennt, wird von ihnen nicht getäuscht. Du sollst so weit wachsen, dass du selbst die Hindernisse, die dir im Traum begegnen, nicht als getrennt von dir wahrnimmst und daher von ihnen nicht vereinnahmt wirst.

Die meisten Menschen, die in Schwierigkeiten geraten, versuchen nur, dem damit verbundenen Leiden zu entkommen, ohne dessen wahre Ursachen zu ergründen. Vielleicht schaffen sie es durch ihre Anstrengungen, das Leiden für einen kurzen Augenblick zu vermindern. Unweigerlich gehen sie aber neuem Leiden entgegen. Der Gedanke vom »Ich« ist wie eine Fabrik, die ununterbrochen Freude und Leiden produziert. Da du derjenige bist, der das Leiden produziert hat, bist du der Einzige, der es wieder auflösen kann. Was immer dir widerfährt, sollst du daher nicht als Karma oder Schicksal abtun. Überlasse vielmehr alle Schwierigkeiten, alle Leiden deinem wahren Selbst und betrachte!

Die Leiden des Lebens und das Gesetz von Ursache und Wirkung sind dafür da, deine geistige Stufe zu erhöhen. Wind und Regen klären die Luft und reinigen sie von Staub und Schmutz. Selbst wenn es dir jetzt nicht so vorkommen mag, wirst du später erkennen, dass die Leiden, die du momentan erfährst, eigentlich Buddhas und Bodhisattvas sind, die gekommen sind, um dich zu reinigen und dir beim Wachsen zu helfen.

Krankheit

Es ist ein Missverständnis, dass unser Körper uns allein gehört. Unser Körper ist eine Gemeinschaft. Er ist eine Gemeinschaft all der Mikroorganismen und Zellen, die dieses Leben teilen. Oberflächlich gesehen scheint unser Körper ein einziges Wesen zu sein, in Wirklichkeit aber ist er ein kleines Universum, in dem unzählige Lebewesen zusammenleben. Deshalb sind wir nicht Inhaber unseres Körpers, sondern er ist die Gemeinschaft all dieser Wesen. Wenn die Lebewesen in unserem Körper krank sind, dann sind auch wir krank, und wenn sie sterben, dann sterben auch wir. Der Buddha sagte: »Die Suche nach Weisheit bedeutet, unser wahres Selbst zu erkennen und die Lebewesen in uns zu erretten.«

Wir können unser Karma nicht auflösen, wenn wir die Lebewesen in uns nicht erretten. Es ist wichtig, medizinische Hilfe in Anspruch zu nehmen, wenn wir krank sind. Zuerst sollten wir aber uns selbst behandeln, indem wir zu unserem wahren Selbst zurückkehren. Unser wahres Selbst kennt die Ursache unserer Krankheit ebenso wie ihre Therapie. Wenn wir unerschütterliches Vertrauen und festen Glauben haben, kann sich die Energie aus dem Ursprung mit unserem ganzen Körper verbinden. Auf diese Art wirkt der Bodhisattva der Medizin, den wir jederzeit durch unser wahres Selbst hervorrufen können.

Der Körper ist der Diener des wahren Selbst. Ist der Diener krank, so überlasse das Problem dem Herrn, dem wahren Selbst. Der Herr hat dich durch unzählige Leben bis hierher geführt. Er lässt dich also auch jetzt nicht im Stich. »Dieser Körper ist dein Diener, also kümmere dich um ihn!« So soll man mit festem Vertrauen alles dem Herrn überlassen. Ohne Vertrauen an deinen Herrn kannst du seine Fürsorge nicht empfangen und irrst wie ein Waisenkind umher, verloren und fremd.

Wer einen Arzt braucht, soll zum Arzt gehen. Wer ins Krankenhaus gehen oder sich einer Operation unterziehen muss, soll auch dies tun. Wichtig ist aber, dabei klar im Blick zu behalten, dass dich dein wahres Selbst in allen Situationen führt. Mit diesem Gedanken sollst du vertrauen und loslassen. Wenn du die Behandlung beim Arzt oder im Krankenhaus voller Vertrauen ganz dem Ursprung überlässt, entsteht in deinem GEIST ein Arzt, und dieser verbindet sich mit dem GEIST des behandelnden Arztes. Dadurch kann sich der beste Behandlungserfolg einstellen. »Ich lasse alles vertrauensvoll an den Ursprung los, und wenn ich dann von außen Hilfe benötige, hole ich sie mir und nehme sie dankbar an.« So denkt und handelt ein freier Mensch.

Armut, Krankheit und alle anderen weltlichen Sorgen sind nicht getrennt von dir. Sie sind aus deinem Ursprung entstanden, also gib sie auch dorthin wieder zurück. Dieses Prinzip gilt für alles. Betrachte alles in Nichtzweiheit und nimm es rückhaltlos an, dann wird alles zu einem Teil deiner selbst. Diese Übung der Nichtzweiheit lässt eine immense Kraft in dir wachsen.

Eine Krankheit kann dir nur dann wirklich etwas anhaben, wenn du sie als etwas von dir Getrenntes betrachtest. Sie kann dir aber nichts zuleide tun, wenn du fest daran glaubst, dass der Ursprung deiner Krankheit nicht verschieden ist von deinem Ursprung. Auch sie ist das Werk deines wahren Selbst.

Glaube deshalb fest an dein wahres Selbst und vertraue ihm alles an! Missachte diesen nützlichen Helfer nicht. Die

Heilung beginnt mit dem Glauben an deinen Ursprung, das wahre Selbst, Juingong.

Geld und Wohlstand

Stell dir vor, du hättest plötzlich viel Geld bekommen. Auch wenn dir die Summe anfangs riesig groß erschiene, wäre irgendwann doch alles wieder ausgegeben. Sei dir daher bewusst, dass du das Geld nicht besitzt, sondern es nur für eine Weile verwaltest. Geld hat eigentlich keinen Besitzer, es gehört weder dir noch mir, es kreist ununterbrochen, kommt und geht. Hafte ihm nicht an.

Menschen, die viel Geld verdienen, neigen manchmal dazu, dies als ihr alleiniges Verdienst anzusehen. Ohne die Unterstützung anderer aber könnten sie keinen einzigen Cent verdienen. Es braucht nur wenig Überlegung, um sich klarzumachen, dass Geld nur mit der Hilfe anderer Menschen verdient wird, mit Angestellten, Geschäftspartnern, Verkäufern, Kunden. Aus der Sicht des Ursprungs haben sogar alle Wesen zusammengearbeitet, damit dieses Geld verdient werden konnte. Man kann also nicht sagen, dass dieses Geld einem Menschen alleine gehört.

In dem Maße, in dem jemand nach Besitz strebt, weicht er vom Weg ab. Sei ein Mensch, der den Wohlstand frei verwaltet, anstatt sich von ihm überwältigen zu lassen. Für diejenigen, die zu Sklaven ihres Besitzes geworden sind, wird ihr wachsender Wohlstand mehr und mehr zu einer Last, die sie letztendlich erdrückt.

Damit ist nicht gesagt, dass du nicht nach Gewinn streben oder dass du gar Verlust erleiden sollst. Sei dir aber im Klaren darüber, dass Gewinn und Verlust zwei Seiten derselben Medaille sind. Sie kommen immer gemeinsam. Versuche daher im einen das jeweils andere zu sehen. Machst du Gewinn, so schwelge nicht darin. Erleidest du Verlust, so sei nicht enttäuscht darüber. Viele freuen sich übermäßig über einen Gewinn und weinen dann bitterlich über einen Verlust. Erkennst du aber das sich in Gewinn und Verlust ausdrückende Gesetz von Ursache und Wirkung und bleibst du schweigend und achtsam in deiner Mitte, dann befindest du dich auf dem Mittleren Weg.

Kenne und halte dein Maß, mit allem was dir begegnet. Lebe harmonisch und ohne Anhaften in dem Bewusstsein, dass alles du selbst bist.

Familie

Der Weg, ein Buddha zu werden, besteht darin, sich um deine Familie zu kümmern und den Menschen in deinem Leben achtsam zu begegnen. Zu vernachlässigen, was einem direkt vor Augen steht, während du dir über Dinge Gedanken machst, die in weiter Ferne liegen, ist Gier. Kümmere dich also um die Dinge, die jetzt gerade anstehen. Wenn du der Schwierigkeiten, denen du in Familie und Beruf ausgesetzt bist, nicht Herr werden kannst, dann bist du noch nicht so weit, über den Dharma reden zu können. Du musst alles wegwerfen, ohne irgendetwas wegzuwerfen. Das bedeutet, alles Anhaften wegzuwerfen und dich zugleich voller Achtsamkeit der Menschen und Situationen anzunehmen, die dir begegnen. Alles, wie es kommt, anzunehmen und sich darum zu kümmern, ist das Handeln eines Bodhisattvas.

Hege keine Anhaftung an deine Kinder. Vertraue auch sie dem Ursprung an und gehe gemeinsam und in Eintracht mit ihnen weiter. Wenn du so lebst, werden deine Kinder irgendwann zu Buddhas und Bodhisattvas.

Wenn dein Partner oder deine Kinder etwas Schlechtes tun, dann reagiere darauf nicht mit dem Mund, mit dem Körper oder auf sonstige materielle Weise. Überlasse stattdessen alles dem Ursprung. Dadurch trittst du mit allem in Verbindung und kannst mit deinem Partner und deinen Kindern ohne Worte kommunizieren. Rufst du mit deinem »inneren Telefon« an, wird auf der anderen Seite das Telefon klingeln. Dadurch wird deine aufrichtige Bemühung direkt von Herz zu Herz weitergegeben. Das ist wahre Liebe und ein Ausdruck des Buddhadharmas.

Wir neigen dazu, den zu mögen, der uns bestätigt, und den abzulehnen, der uns infrage stellt. Dies passiert sogar zwischen Ehepartnern und zwischen Eltern und Kindern. Wir sind glücklich, wenn andere etwas Nettes zu uns sagen. Zeigt aber jemand offen und ehrlich unsere Fehler auf, dann fühlen wir uns verletzt. Wenn wir mit jemandem glücklich sind, dann steigert das noch unsere Zuneigung zu dieser Person. Und doch können wir sehr verstimmt sein, wenn der- oder diejenige uns das vorher genossene Glück einmal nicht gewährt. Ein solcher wankelmütiger Umgang mit den Menschen bringt weder uns noch den anderen Frieden, sondern sät nur Zwietracht und schadet letztlich uns selbst. Überlasse daher besser alles deinem Ursprung und entgegne mit einem Lächeln und freundlichen Worten, auch wenn dir einmal etwas nicht gefällt. Wenn du dies ohne Bedingungen und Erwartungen zu tun vermagst, dann verbindest du dich mit den anderen automatisch im Ursprung, und Harmonie stellt sich ein.

Wahre Liebe

Fällt ein Kind ins Wasser, so springen die Eltern, ohne einen Moment zu zögern, hinterher, um es zu retten. Auch wenn sie selbst dabei in Gefahr kommen oder sogar sterben könnten: Sie tun es einfach, ohne darüber nachzudenken. Diese Liebe, die jemanden augenblicklich ins Wasser springen lässt, um einen kostbaren Menschen zu retten, ist die Liebe der Eltern und die Liebe Buddhas zu allen Wesen. Buddhas Liebe und die Liebe der Eltern sind dieselbe ursprüngliche Liebe, die sagt: »Ich werde dich retten, selbst wenn es alles kostet, was ich habe.« Die wahre Liebe von Eltern erwartet keine Gegenleistung und stellt keine Bedingungen. Das ist die Barmherzigkeit Buddhas.

Erniedrige dich nicht vor Höherstehenden, erhebe dich nicht über Niedrigere, hege keinen Stolz. Bemühe dich stets darum, mitfühlend und großherzig zu sein. Einander zu lieben, gemeinsam die Mühsale des Lebens zu tragen – die Last des anderen wie die eigene – und alles miteinander zu teilen, eine solche Liebe kann die ganze Welt umfangen und ist doch damit nicht ausgeschöpft.

Wirf Sturheit und Arroganz weg, lass Gier und Verlangen los, löse dich von deinen Anhaftungen und befreie dich von Eifersucht und Neid. Schließe all diese schädlichen Zustände mit einem mitfühlenden Lächeln in deine Arme und vertraue sie dem Ursprung an. So sind die Liebe und das Handeln eines Bodhisattvas. Eine Liebe, der diese Dimension fehlt, ist weder edel noch aufrichtig; sie ist nichts anderes als Gier, Anhaftung und Täuschung.

Glück und Harmonie

Freude und Leid entspringen nicht dem Guten oder dem Schlechten, sie entstehen aus deiner Unterscheidung zwischen gut und schlecht, zwischen dem, was dir gefällt und was nicht. Du freust dich, wenn es nach deinem Kopf geht, und du leidest, wenn das nicht der Fall ist. Genau dieses unterscheidende Denken ist es, das Freude und Leid hervorbringt. Lasse deine Bewertung los, bevor sie sich festsetzen kann, und beruhige dich bei deinem inneren Buddha wie ein Kind bei seiner Mutter. Glück ist mehr als die kurze Befriedigung, die entsteht, wenn etwas nach deinen Vorstellungen läuft.

Wahres Glück wird von dir selbst geschaffen, es wird nicht von außen gegeben. Erwarte nicht, dass jemand es dir schenkt. Der Idee anzuhängen, dass ein anderer dich glücklich machen wird, führt unweigerlich ins Leid.

Alle Menschen wünschen, dass ihr Leben gut verläuft, ihre Familie glücklich ist und in ihrem Land Frieden herrscht. Trotz dieser guten Wünsche gibt es viele Menschen, die unglücklich sind, gibt es Streit in den Familien und Krieg zwischen den Ländern. Dies alles geschieht, weil wir das, was wir für uns möchten, vom Ganzen abtrennen. Erfasse ich aber in meinem Blick die Höhe, die Breite, den Umfang und das Ganze und umarme all dies in meinem Herzen, dann werde ich mit allem in Eintracht sein.

Selbst eine einzige Schale Reis, die zwischen mehreren Hungrigen geteilt wird, kann, wenn alle harmonisch miteinander verbunden sind, zu einer glücklichen Mahlzeit werden. Dagegen wird ein üppiges Festmahl wenig Freude bereiten, wenn die Tischgäste einander nicht wohlgesinnt sind und schroff miteinander reden. Auch wenn du große Summen spendest und viele Opfergaben darbringst, wirst du dich weder jetzt darüber freuen können, noch wird es dir in Zukunft zur heilsamen Tat, wenn dein Herz eigensinnig, eng und voller Gier ist.

Wo, glaubst du, befindet sich die Hölle? Und wer erschafft sie? Der Ursprung von allem ist der GEIST. Ob du dich selbst rettest oder nicht, ob du ein reicher Bettler oder ein armer Reicher bist, hängt einzig davon ab, wie du deinen GEIST nutzt. Das Reine Land[42] ist nicht anderswo. Wenn du deinen GEIST reinigst, wird diese Welt, so wie sie ist, zum Reinen Land Buddhas.

Der GEIST und die Wissenschaft

Die modernen Wissenschaften sind in höchstem Maße entwickelt. Dennoch stoßen wir heute an Grenzen, die die Wissenschaften anscheinend nicht überwinden können. Über diese Begrenzungen werden wir nicht hinwegkommen, wenn wir unsere geistige Dimension nicht erweitern. Ohne geistige Entwicklung wird das Überleben für die Menschen immer schwieriger werden, denn die materielle und die geistige Seite müssen in ihrer Entwicklung miteinander Schritt halten. Unsere einseitige Betonung der materiellen Seite aber droht, uns in eine Sackgasse zu führen.

Ist es die Materie, die den Menschen führt? Nein, alle Materie wird vom ursprünglichen GEIST geführt. Ohne Kenntnis des Ursprungs bleibt jede Wissenschaft begrenzt. Deshalb müssen wir die Wissenschaft auf eine neue Grundlage stellen, indem wir zu unserem Ursprung zurückkehren und lernen, ihn als unseren Ausgangspunkt zu nehmen. Die Grundlage jeder Wissenschaft ist unser ursprünglicher GEIST. Obwohl viele Wissenschaftler in ihren Bereichen intensiv Forschung betreiben, kann eine weitere Entwicklung nur stattfinden, wenn sie den ursprünglichen GEIST kennen.

Die höchste Geschwindigkeit, die jemals vom Menschen entdeckt wurde, ist die Lichtgeschwindigkeit. Aber auch sie ist nicht schneller als der GEIST. Die Fähigkeiten des GEISTES sind unermesslich. Erkennen wir den GEIST, dann gibt es kein Wissen, das uns verschlossen bleibt, und keinen Ort, den wir nicht erreichen können. Alle Errungenschaften, die die moderne Wissenschaft hervorgebracht hat, können sich bei Weitem nicht mit der Kraft des Dharmas messen. Wir können die Grenzen der Wissenschaft mühelos überwinden, wenn wir die geheimnisvolle Kraft des GEISTES erkennen. Für einen Erleuchteten, der den GEIST zu nutzen weiß, ist es nicht schwierig, sich in höheren Dimensionen frei zu bewegen oder auch über Raum und Zeit, über alle Dimensionen hinauszugehen.

Der Buddha vermied es, solche übernatürlichen Fähigkeiten zur Schau zu stellen, da er wusste, dass dies den Menschen nicht von Nutzen wäre, sondern sie in die Irre führen würde. Wer aufrichtig an die Kraft des GEISTES glaubt und unbeirrt den Weg geht, erlangt die Fähigkeit, die unsichtbare Welt der Seelen und der Götter zu betrachten. Die Kraft des GEISTES ist das Tiefste und Geheimnisvollste im ganzen Universum. Das Gesetz des GEISTES ist das Gesetz aller Gesetze.

Die Präzision der modernen Medizin ist hoch entwickelt. Und doch vermag sie nur etwa dreißig Prozent der Probleme zu lösen, die die Gesundheit der Menschen beeinträchtigen. Warum ist das so? Wie andere moderne Wissenschaften beschäftigt sich auch die Medizin nur mit den Phänomenen der sichtbaren Welt. Weil sie nicht die ganze Wirklichkeit erfasst, vermag sie auch nicht alle Probleme zu lösen. Um weiterzukommen, muss die Wissenschaft auch die unsichtbare Hälfte erkennen, indem sie das Gesetz unseres ursprünglichen GEISTES versteht und anwendet. Die Forschung wird nur dann die ganze Wirklichkeit berücksichtigen, wenn sich das gegenwärtige Bewusstsein und das Unterbewusstsein durch den ursprünglichen GEIST verbinden.

Der Buddha und alle Heiligen lehrten, wie wir über die Grenze der sichtbaren Welt hinausgelangen und das Tor zur unsichtbaren Welt öffnen können. Wir leben in einer Zeit, welche die Entwicklung der materiellen Seite auf die Spitze getrieben hat. Wie sich vom Ein- zum Ausatmen und vom Leben zum Tod die Richtung ändert, so gilt es nun, da wir am Ende einer Entwicklung angelangt sind, die Richtung zu ändern und den Sprung in die geistige Welt zu schaffen.

Es gibt Wissenschaftler, die Signale ins All senden, um mit außerirdischen Lebensformen in Kontakt zu kommen. Aber der Versuch, über Funkwellen Kontakt aufzunehmen, zeigt, dass diese Wissenschaftler nichts über die ursprüngliche Wahrheit wissen. Um mit solchen Lebensformen in Verbindung zu kommen, müssen wir von der sichtbaren Welt, die nur die Hälfte des Ganzen ausmacht, in die unsichtbare Welt eintreten. Dieser Weg ist jedoch versperrt, wenn wir uns selbst nicht erkennen. Durch den GEIST müssen wir das »schnurlose Telefon« in uns aktivieren, dann wird sich der Weg öffnen und eine Verbindung einstellen. Wenn die

Wahrheit auf diese Weise aufbricht, können wir alles sehen, alles hören, alles verstehen. Kennen wir den inneren Weg, dann gibt es keine Wände, keine Decken, nichts, was uns blockiert und behindert. So eröffnet sich eine völlig neue Dimension des Lebens.

Wie kam der Mensch zu seiner jetzigen Form? Die sichtbare und die unsichtbare Welt werden durch vermittelnde Kräfte[43] stets im Gleichgewicht gehalten. Über diese Vermittler empfängt die sichtbare Welt die zur Befreiung strebende, emporsteigende Kraft der unsichtbaren Welt. Mit ihrer Hilfe haben die Lebewesen während Millionen Jahren immer wieder verschiedene Gestalten angenommen. Ein Tier bleibt nicht ewig ein Tier, und auch ein Mensch bleibt nicht ewig in seiner Form als Mensch. Die äußere Form ist ein Ausdruck der inneren Dimension.

Kommt ein Kreisel aus seiner Achse, dann beginnt er zu trudeln. In gleicher Weise würde das Universum aus seiner Bahn geworfen werden, wenn es nicht durch die vermittelnden Kräfte gehalten würde.

Es wird behauptet, dass es auf anderen Planeten kein Leben gibt. Aber kann man das wirklich mit Sicherheit sagen, nur weil wir mit unseren Augen kein Leben sehen können? Tatsächlich ist das Universum voller Leben. Die Erde ist die mittlere Welt. Hier werden die Lebewesen gesiebt und sortiert und dann entweder in die obere oder in die untere Welt gesandt. Jeder Planet hat seine eigene Aufgabe.

So wie wir mit geringer entwickelten Lebewesen umgehen, so können auch wir anderen Wesen, die höher entwickelt sind als wir, als Versuchsobjekte dienen. Dadurch können alle unsere Fähigkeiten, die wir während der ganzen Evolution erworben haben, verlorengehen. Wollen wir das wirklich zulassen? Nachdem wir uns in Millionen Jahren der Evolution bis zum Menschen entwickelt haben, sind wir nun in der Lage, den wahren Herrn in uns, den Herzensgrund, zu erkennen. Warum sollten wir dann als Marionette leben. Auch wenn wir immer und immer wieder, unzählige Male wiedergeboren werden müssen, auch wenn es weitere Millionen Jahre dauern würde: Wir müssen das Gesetz des HERZENS erkennen! Nur dadurch können wir jede Situation mit Weisheit meistern. Entwickeln wir uns geistig immer höher, dann werden wir zum Herrn unseres eigenen Hauses. Dann können unser Geist und unsere Fähigkeiten nicht von anderen geraubt und in ihren Besitz genommen werden.

Die Würmer, die sich durch das Erdreich wühlen, kennen nur die Weite der Erde. Die Höhe des Himmels aber liegt weit jenseits all ihrer Vorstellung. So ist es auch mit den Menschen. Sie leben nur auf die Erde begrenzt und haben sich an das Leben auf der Erde gewöhnt. Deshalb sehen und denken sie so, wie es auf der Erde üblich ist. Es fällt ihnen schwer, die vom Leben auf der Erde geprägten Vorurteile beiseitezulassen und über sie hinauszugehen. In der mittleren Welt entwickeln sich die Lebewesen mithilfe eines Körpers und können sich ein Leben ohne Körper nicht vorstellen. Mit der gleichen Logik denken viele, dass Lebewesen nur in einer erdähnlichen Atmosphäre existieren können. Wer aber ein höheres Bewusstsein erlangt hat, weiß, dass auf anderen Planeten, in einer anderen Welt, völlig andere Lebewesen auf eine völlig andere Weise existieren. Aber ohne Verbindung zum ursprünglichen GEIST gibt es keinen Weg heraus aus unseren festgefassten Vorstellungen und Gedanken.

Nicht nur die Erde, sondern auch andere Planeten sind voller Leben. Das Universum ist von unsichtbaren Lebewesen erfüllt. Wie für den Erhalt des Lebens Blut durch Arterien und Venen fließt und jedes Organ im Körper seine Pflicht tut, so leisten Milchstraße und Erde ihre Funktionen. Weil alle ihre Aufgaben erfüllen und sich durch gegenseitiges Vertrauen sicher fühlen, können alle Sterne in Einheit kreisen.

7
Religion im Alltag

Schüler und Lehrer

Wie ein Blinder einen Stock und ein Lahmer eine Krücke braucht, so braucht ein Übender einen Lehrer, der ihn auf dem geistigen Weg führt. Aber es kann sehr schwierig sein, dem richtigen Lehrer zu begegnen. Sei deshalb vorsichtig und verliere nicht deine innere Mitte, indem du unbesonnen einem anderen hinterherrennst. Folgst du einem Blinden als Lehrer, wirst du unweigerlich in eine Grube fallen. Glaube deshalb zuallererst an deinen eigenen Ursprung und lasse alles an ihn los. Nur so kannst du dich selbst erlösen und auch einen richtigen Lehrer finden.

Hast du einmal deine eigenen Augen geöffnet, wird sich dir dein wahres Selbst offenbaren. Dann kannst du dieses als deinen Meister nehmen und unter seiner Führung voranschreiten. Bis dahin jedoch musst du dich einem Lehrer anvertrauen und ihm folgen.

Zuflucht zum *Sangha*[44] – zur Gemeinde – zu nehmen bedeutet nicht, dass du deinem Lehrer blindlings folgen sollst. Glaube einzig und allein an deinen Ursprung, dein wahres Selbst. Bevor du jemanden als deinen Lehrer annimmst, prüfe, ob seine Absichten, Worte und Taten miteinander in Einklang stehen. Auf dem geistigen Weg brauchst du nicht nur den Meister in dir, sondern auch einen leibhaftigen Meister, der dir Anweisungen gibt und deine Selbsterfahrung inspiriert. So war es schon in vergangener Zeit, als Huike[45] von Bodhidharma und Wonhyo[46] von Daean[47] unterwiesen wurden.

Der majestätische Berg, der unerschütterlich steht, ohne zu schwanken, spricht: Lebe wie ein Berg. Das ohne Unterlass dahinfließende Wasser wispert uns zu: Lebe wie Wasser. Die tapfere Blume, die auch in rauester Witterung erblüht, singt leise: Lebe wie eine Blume. Der Grashalm, der aus kargem Boden erwächst, sagt uns: Lebe mutig. Es gibt nichts, was nicht unser Lehrer ist.

In den dreitausend Großtausendwelten gibt es keinen Platz, der nicht dein Platz ist. Wo immer du bist, ob in der Dharmahalle oder im Badezimmer, ist Buddha, das wahre Selbst. Trotzdem gibt es zahlreiche Menschen, die nicht an das wahre Selbst in sich glauben, sondern sich nach außen wenden und versuchen noch bessere Andachtsorte, noch bessere Lehrer zu finden. Die Dharmahalle ist aber dort, wo sich dein GEIST jetzt gerade befindet. Wenn in dieser Dharmahalle stets das Licht brennt, wird Buddha auch immer da sein.

Niederwerfungen

Sich vor Buddha, den Bodhisattvas und Heiligen niederzuwerfen, heißt, sich selbst zu erniedrigen, um jene zu erhöhen. Niemals aber solltest du dabei die unerschütterliche

Gewissheit verlieren, dass ihr HERZ und dein HERZ nicht zwei sind. Wende dich deshalb ganz zu deiner eigenen Mitte hin, während du hingebungsvoll um die Gnade Buddhas und der Bodhisattvas bittest! Jede echte, ehrliche Bemühung wird Verdienste hervorbringen. Solange sie sich aber nur nach außen richtet, bleibt sie in ihrer Wirkung begrenzt und kann nie zu einer wahren heilsamen Tat werden.

Du wirfst dich vor Buddha nieder, weil sein HERZ und dein HERZ nicht zwei sind. So gibst du in der Niederwerfung deinen Körper und dein Ichbewusstsein ab, um in deinem wahren Selbst aufzugehen. Bemühe dich dabei, stets demütig und hingebungsvoll zu sein und allem gegenüber Dankbarkeit zu empfinden.

Verbeugst du dich vor Buddha oder einem Zen-Meister, so verbeugst du dich vor deinem eigenen Ursprung, dem wahren Selbst. Die Gabe, die du Buddha oder einem Zen-Meister darreichst, reichst du deinem wahren Selbst dar. Das HERZ Buddhas, das HERZ der Bodhisattvas und Heiligen, das HERZ der Patriarchen und Meister, das HERZ aller Vorfahren, das HERZ aller Lebewesen, sie alle sind in deinem wahren Selbst vereint.

Wir leben in einer rastlosen Zeit, in der alle pausenlos beschäftigt sind. Nur wenige werden es schaffen, täglich 108 oder gar dreitausend Niederwerfungen zu machen. Wie soll man in dieser hektischen Welt üben, in der kaum Zeit für derartige geistige Übungen bleibt? Sei dir bewusst, dass dein wahres Selbst weder Raum noch Zeit kennt. Es ist ohne Form und völlig frei. So kann eine einzige Verbeugung, aus dem Urgrund heraus ausgeführt, mehr bewirken als dreißigtausend Niederwerfungen.

Überlässt du alles deinem Ursprung und wirfst dich so vor Buddha nieder, so werden dein vergangenes, dein gegenwärtiges und dein zukünftiges HERZ eins. Diese eine Niederwerfung geht über zehntausend Verbeugungen, die nur mit dem Körper ausgeführt werden, weit hinaus. Berührst du in einer solchen Niederwerfung mit deiner Stirn den Boden vor Buddha, so ist dein HERZ das HERZ Buddhas, deine Gestalt die Gestalt Buddhas. Auf diese Weise verbeugt sich dein Körper vor deinem wahren Selbst, dem Ursprung.

Es ist eine alter Brauch, im Tempel eine Kerze anzuzünden und sich vor Buddha niederzuwerfen, wenn man etwas auf dem Herzen hat. Gegen diese Sitte ist nichts einzuwenden; von entscheidender Bedeutung aber ist, dass die Niederwerfung nicht der äußeren Buddhastatue gilt, sondern dem Buddha in dir, dem wahren Selbst, in dem alles vereint ist. Verbeuge dich vor deinem eigenen Ursprung, vor der großen zeitlosen, raumlosen Leerheit.

Verbeuge dich nicht vor deinem kleinen Ich, sondern vor deinem umfassenden Selbst. Glaube dabei fest daran, dass das Ganze mit deinem Ursprung verbunden ist. Die wahre Verbeugung richtet sich nicht nach außen, sondern geht nach innen. Dem Buddha und deinen Vorfahren Ehrerbietung erweisen ist eine Verbeugung vor deinem eigenen Ursprung.

Das Einhalten der Gebote

Traditionell werden die Fünf Gebote[48] in der Form negativer Aufforderungen gegeben. Ihre Formulierung beginnt dann meist mit den Worten: »Du sollst nicht ...« Sie können aber auch in einer bejahenden Form ausgedrückt werden, ohne dass ihr Sinn verlorengeht. Aus »Du sollst nicht töten!« wird dann »Liebe alle Lebewesen gleich und von ganzem Herzen!«. Aus »Du sollst nicht stehlen!« wird »Sei großzügig und sammle heilsame Taten!«. »Du sollst keine unheilsamen Beziehungen führen!« wird zu »Bemühe dich um Aufrichtigkeit und Reinheit in Körper und Geist!«. »Du sollst nicht lügen« wird zu »Sprich ehrlich und wahrhaftig!«. Und »Du sollst keinen Alkohol trinken!« wird zu »Strebe stets nach Achtsamkeit und Weisheit!«. Auf diese Weise werden die Gebote nicht dadurch gehalten, dass du irgendetwas unterlässt. Sie werden vielmehr dadurch erfüllt, dass sich dein Tun im Einklang mit der Absicht des Buddha befindet. Folgst du aber in deinem Handeln ohnehin ganz deinem ursprünglichen HERZEN, das stets klar und rein ist, dann brauchst du keine vorformulierten Gebote.

Den geistigen Weg gehen und die Gebote einhalten ist ein und dasselbe. Wer sich aber dazu zwingt, die Gebote einzuhalten, kann sie gerade dadurch verfehlen. Lass auch den Wunsch, die Gebote einzuhalten, an den Ursprung los und gehe weiter. Dann werden die Gebote von selbst erfüllt. Als Wahrheitssucher solltest du versuchen, den Sinn der Gebote zu verstehen und sie dann an den Ursprung zurückzugeben. Auf diese Weise kannst du sie in deinem täglichen Leben frei anwenden.

Buddhas Gebote sind ursprünglich keine Verbote, wie »Tu dies nicht, tu jenes nicht«. Selbst das Gute kann dir durch Übertreibung zum Nachteil gereichen, und auch das vermeintlich Schlechte kann in einer bestimmten Situation zu etwas Gutem werden.

Überlässt du alle Situationen deinem Ursprung, werden die Gebote von selbst eingehalten, ohne dass du ständig an sie denkst. Dann werden die Gebote zu Flügeln der Freiheit. Versuche nicht, dich an spirituelle Gebote anzupassen, die dir von außen gegeben werden. Lass stattdessen die Gebote, die bereits in dir sind, auf natürliche Weise hervortreten. Wenn du deine Ichbezogenheit vollständig loslässt und deine wahre Natur erkennst, dann kann dich selbst Karma, das in tausend Millionen von Kalpas angehäuft wurde, nicht fesseln. Erkennst du deine wahre Natur, wirst du auf natürliche Weise auch der Gebote gewahr. Dann musst du nicht ständig prüfen, ob dein Verhalten den Geboten entspricht oder nicht.

Hältst du aber an Formalitäten und Regeln fest, wird dein Ichbewusstsein niemals sterben, und es wird dir der Zugang zur geistigen Welt verwehrt bleiben. Halte die Gebote ein, aber lasse dich nicht von ihnen fesseln. Das ist der Mittlere Weg, der keine Störungen verursacht, der dich in Liebe und Gleichmut sanfte Worte sprechen und alles umarmen lässt.

Wenn etwas schmutzig ist, mach es sauber; wenn etwas unordentlich ist, bringe es in Ordnung; wenn etwas defekt ist, repariere es. Das ist das Einhalten der Gebote. In Einklang mit den Geboten zu leben heißt, im Alltag alles auf rechte Weise zu tun.

Sutren

Sutren[49] sind Beschreibungen, wie diese Welt funktioniert. Manche Menschen vertiefen sich jedoch so sehr in die Sutren, dass sie die Wirklichkeit um sich herum vernachlässigen. Aus diesem Grund erlaubten die alten Meister nur sehr weit fortgeschrittenen Schülern, die Sutren zu lesen. Denn schon mancher hat sich von den Sutren so sehr gefangennehmen lassen, dass er nicht mehr von ihnen lassen konnte. Anstatt die offene Weite der Wahrheit zu erkennen, wird ein solcher Mensch kaum mehr erreichen, als ein Bücherwurm zu werden.

Wer Sutren liest oder rezitiert, ohne in deren wahren Sinn einzudringen, ist wie eine Biene, die immer wieder gegen die Scheibe fliegt, um eine Blume auf der anderen Seite zu erreichen.

Erst wenn du fest in deiner Mitte stehst und innerlich frei geworden bist, kannst du Sutren wie das *Herz-Sutra*, das *Diamant-Sutra*, das *Lotos-Sutra* und das *Avatamsaka-Sutra* wirklich lesen. Hast du dich erhellt und dein wahres Ich klar vor Augen, dann werden auch die Lehren der alten Meister für dich lebendig. Liest du dann die Sutren, wirst du die Worte und ihren weißen Hintergrund als eins begreifen. Deswegen heißt es: »Lies die Sutren, ohne zu lesen. Lies keine Sutren, indem du sie liest.«

Selbst wenn du das gesamte *Diamant-Sutra* auswendig lernst, nützt dir das nichts, solange du die Wahrheit des Nichtbedingten nicht erfahren hast. Bis dahin hast du die Worte zwar gelesen, die wahre Botschaft Buddhas jedoch noch nicht erfasst. Die Lehre Buddhas zielt auf das Tun. Die Sutren, die Gebote und die besondere Lehren des *Tripitaka*[50] genannten Kanons sind nichts anderes als Weisungen für das Tun.

Die Erleuchteten früherer Zeiten haben mit Worten Fallstricke gelegt. Solche Worte sind geschickte Mittel, die durch tiefe Betrachtung zur Wahrheit führen können. Gehe nicht unachtsam über sie hinweg. Es gibt Leute, die, obwohl sie über die Worte noch nicht hinausgekommen sind, dennoch leichtsinnig dahinsagen: »Alles ist leer, woran sollte ich anhaften?« Sei du nicht so unbesonnen. Nur wer wirklich erfahren hat, dass alles leer ist, kann davon sprechen. Wer aber die Wahrheit nicht erfahren hat, sondern die Worte von Erwachten nur nachspricht, häuft dadurch Karma an, das selbst in unzähligen Kalpas nur schwer wieder abgelegt werden kann.

Die alten Meister hätten nicht so viele Methoden und Unterweisungen gegeben, wenn es den Menschen nicht so schwergefallen wäre, die Wahrheit zu erkennen. Da die Menschen aber kaum aus ihrer Unwissenheit herausfanden, wurden viele Unterweisungen gegeben und verschiedene Mittel entwickelt wie zum Beispiel Sutrenrezitation und Niederwerfungen. An vielen Orten werden diese Methoden gepflegt. Um sie mit Gewinn anzuwenden, ist es wichtig, dass du ihren wahren Sinn verstehst. Anderenfalls besteht die Gefahr, dass du zu sehr daran festhältst. Der entscheidende Punkt ist, dich nicht durch Methoden oder Traditionen vom Kern ablenken zu lassen. Wichtig ist, sich um den direkten Weg zur Wahrheit zu bemühen und nicht um die Vollendung einer Methode.

Die Rezitation

Wenn jemand in Einheit mit dem Ursprung die Sutren rezitiert, wird der Klang seiner Rezitation sämtliche Weltensysteme durchdringen und von allen Buddhas und Bodhisattvas gehört. Rezitierst du aus dieser Einheit heraus, so wird dein Gesang wahrhaftig eine heilsame Tat. Rezitierst du jedoch nur mit dem Mund, ohne den tiefen Sinn wahrzunehmen, dann wird deine Stimme nur in deinen eigenen Ohren klingen, aber das Dharmanetz nicht erreichen. Sei dir bewusst, dass du beim Rezitieren des *Herz-Sutras* oder des *Tausend-Hände-Sutras* die stets in Soheit sich manfestierenden Gesetze des Bedingten und des Nichtbedingten erfahren kannst. Lebst du dein tägliches Leben nach diesen Gesetzen, dann lernst du, was es heißt: Kommen, ohne zu kommen, und gehen, ohne zu gehen.

Viele Buddhisten entzünden Kerzen und rufen den Bodhisattva Avalokiteshvara an. Leicht kann es dabei geschehen, dass man, anstatt das Licht im eigenen Inneren zu entzünden, auf Licht von außen wartet. Wenn dir nicht bewusst ist, dass deine eigene Natur ursprünglich hell ist, wie willst du dich dann selbst erretten und den Menschen in deiner Umgebung Licht schenken?

Manche Leute denken, dass man ununterbrochen Mantras[51] sprechen sollte. Wer aber ohne den Gedanken von Ich ist, all dessen Worte und Tun werden zu einem Mantra. Formst du aus diesem Zustand heraus einen Gedanken, so wird er zu Gesetz und Wirklichkeit. Diese Wahrheit musst du erkennen, damit dein Rezitieren mehr ist als ein auswendig gelerntes lautes Lesen.

Deine Ahnen sind in dir

Deine Eltern, deine Vorfahren, alle Bodhisattvas, alle Schutzgötter des Dharmas, sie alle sind in dir. Wenn du alles, was dir im täglichen Leben widerfährt, vertrauensvoll nach innen wendest, dann ist dein Leben ein Ausdruck der Dankbarkeit gegenüber Buddha, deinen Eltern und Vorfahren.

Die meisten Menschen nehmen an, dass wir für jemanden, der gestorben ist, nichts mehr tun können. Dies wäre auch tatsächlich der Fall, wenn jeder für sich existierte, getrennt von den anderen. Wir sind aber nicht solch begrenzte Lebewesen. Verbunden durch unseren Ursprung, sind wir eins mit allen Wesen, ob sich diese gerade im Zimmer nebenan aufhalten oder ob sie ihren Körper bereits verlassen haben.

Durch deine Fähigkeit, mit allem eins zu werden, kannst du allen Wesen Licht und Energie senden. Dies bedeutet, alles deinem Ursprung anzuvertrauen: all deine Sorgen, all deine Vorlieben und Abneigungen und auch die tief in dir verborgene Gewohnheit, die Dinge als getrennt voneinander anzusehen. In dem Maße, wie du dies vermagst, wirst du zu einem Licht für andere.

Oft denken Menschen, weil sie ein Buch gelesen oder eine Unterweisung gehört haben, sie *wüssten* schon. Das aber ist eine Täuschung. Echtes Wissen erwächst einzig aus dem Tun und der mit ihm verbundenen Erfahrung. Ein Wissen, das allein in Theorie gründet, kann sogar gefährlich werden. Stelle dir jemanden vor, der ein Buch über das Fliegen gelesen hat und nun denkt, er wäre bereits ein Pilot. Was soll daraus werden, wenn er irgendwann in das Cockpit hinein muss und losfliegen soll?

Wenn wir unseren Körper verlassen, sind wir nicht mehr in der Lage, unser Bewusstsein weiterzuentwickeln. Unser Bewusstsein verbleibt auf dem Niveau, das wir zu Lebzeiten erreicht haben. Es kann aber auch geschehen, dass die Menschen in jenem Bewusstseinszustand gefangen sind, den sie im Augenblick des Todes erlebt haben. Dann ist das Niveau ihres Bewusstseins oft niedriger als das, welches sie zu Lebzeiten erlangt haben. Wenn wir mit ihnen eins werden, dann wird das Niveau ihres Bewusstseins erhöht. Im Grunde geht es darum, sie aus einer festgefahrenen Lage zu befreien und ihnen zu helfen, den Bewusstseinszustand wiederzuerlangen, den sie während ihres Lebens bereits erreicht hatten.

Selbst Buddha kann das Bewusstsein eines Verstorbenen nicht über jene Stufe hinausführen, die der Betreffende während seines Lebens erreicht hat. Deshalb ist es so ungemein wichtig, dass wir zu Lebzeiten voller Energie und Hingabe üben und unsere Weisheit entwickeln.

Wahres Geben

Wenn wir das Leben aller Lebewesen als unser eigenes Leben betrachten, wie könnten Schmerzen und Leiden der anderen nicht die unseren sein? Wie könnte ich mein eigenes Leben als kostbar erachten und das der anderen nicht. Wenn ich zu dir werde und du zu mir, dann ist ein Zustand der Einheit erreicht. Diese innere Haltung ist die der Bodhisattvas. Sie ist die Quelle der bedingungslosen Liebe und sie ermöglicht wahres Geben.

Entwickle in dir das Herz, das alles verzeihen kann. Wenn ein solches Herz mit allen Dingen und Wesen eins wird, wird bedingungsloses Geben – Geben ohne »du« und »ich« – möglich.

Gib, ohne zu geben. Lass auch das Geben zu einer Handlung deines wahren Selbst werden. Möchtest du Buddha etwas darreichen, so tu dies mit deiner ganzen Hingabe und lass den Gedanken völlig los, dass du etwas darreichst. Auf eine Art ist, Buddha etwas darzureichen und mit deinem Geld in einem Laden etwas zu erwerben, gar nicht so verschieden, wie es vielleicht scheinen mag. Obwohl du gegeben hast, hast du nicht nur gegeben, sondern zugleich erhalten.

Solltest du einmal das Gefühl haben, in deinem Leben in einer Sackgasse gelandet zu sein, dann ist es eine gute Idee, etwas zu geben oder anderen zu helfen. Wenn man sich zu sehr an die Dinge klammert, die einem gehören oder vermeintlich zustehen, dann verhindert man, dass Neues zu einem kommt. Alles ist miteinander verbunden, und eigentlich fließt die Energie zwischen allen Dingen und Wesen frei hin und her. Ichverhaftung und Besitzdenken aber führen dazu, dass dieser freie Fluss ins Stocken kommt oder sogar unterbunden wird.

Stell dir vor, du hättest anderen viel geholfen und deine Hilfe hätte ihnen zu großem Vorteil gereicht. Kann das in jedem Fall als heilsame Tat bezeichnet werden? Nein. Was du nicht aus vollem Herzen, sondern nur widerwillig gegeben hast, kann unmöglich eine heilsame Tat werden. Selbst eine gute Tat, die du mit Freude vollbracht hast, ist nicht wirklich heilsam, solange dein Ichbewusstsein daran beteiligt war. Betrachtest du aber das Sichtbare und das Unsichtbare in Einheit, kann sogar das Heben deines kleinen Fingers zu einer heilsamen Tat werden, die das ganze Universum bewegt.

Durch Geben können wir die Liebe, die wir von unseren Eltern erhalten haben, erwidern, unseren Kindern Licht schenken und ihre Wurzeln stärken.

Geben kann Barmherzigkeit sein, und Nichtgeben kann auch Barmherzigkeit sein. Wichtig ist, dass du eine innere Haltung entwickelst, die für dich und andere heilsam ist.

Schicksal und Bestimmung

Es ist nicht das Schicksal, das dein Inneres hell sein lässt, und es ist nicht die Vorbestimmung, die dein Inneres dunkel sein lässt. In der Buddhalehre gibt es weder Schicksal noch Vorbestimmung. Ihr Wesen ist Offenheit und Befreiung.

Dein Schicksal ist nicht unveränderbar und deine Bestimmung nicht festgelegt. Alles hängt davon ab, wie du dich jetzt entscheidest. Bleibst du in deiner Anhaftung, so wird sie dein Leben bestimmen. Dadurch bist du den Wirkungen des Karmas ausgeliefert und gibst deine Anhaftung auch an deine Nachkommen weiter. Alles hängt von dir selbst ab. Du hältst den Schlüssel zu Glück und Unglück in deiner Hand.

Wie ein Schauspieler eine Rolle nach dem Drehbuch lernt und ausführt, so spielst du deine Rolle im Leben gemäß dem Drehbuch von Ursache und Wirkung. Diese Rolle hast du durch deine früheren Taten selbst gestaltet. Deshalb kannst du ihr auch nicht ausweichen, ob sie dir nun gefällt oder nicht. Das Drehbuch deines Lebens formt sich aus dem Berg deiner angehäuften Gewohnheiten, die man Karma oder Schicksal nennen könnte. Weil du aber selbst der Autor des Drehbuchs bist, bist du auch derjenige, der es jederzeit neu schreiben kann.

Als du in diese Welt geboren wurdest, brachtest du sowohl gutes als auch schlechtes Karma mit, das du in Millionen von Kalpas angehäuft hast. Was jemals eingegeben wurde, kommt unweigerlich irgendwann in irgendeiner Form auch wieder heraus. Das ist es, was man Schicksal oder Bestimmung nennt. Überlässt du aber alles, was auf dich zukommt, sei es von innen oder von außen, rückhaltlos deinem Ursprung, dann wird dein altes Karma aufgelöst und kein neues Karma geschaffen. Schicksal oder Bestimmung entfalten nur ihre Wirkung, bis du diese Wahrheit erkannt hast.

Sich selbst helfen

Wenn Probleme auftauchen, versuchen die meisten Menschen, anstatt das Problem an den Ursprung loszulassen, durch Hilfe von außen eine Lösung herbeizuführen. Bei einem gesundheitlichen Problem verlassen sie sich auf den Arzt oder das Krankenhaus. Bei finanziellen Sorgen bitten sie andere um Geld. Sie fragen einen Astrologen nach ihrem Schicksal und denken, dass eine gute Ausbildung zwangsläufig zu einem erfüllten Leben führt. Ein koreanisches Sprichwort lautet: »Kleider sind Flügel.« Aber auch die schönsten Kleider bleiben doch Kleider und werden niemals zu deinem Körper werden. Das heißt, auch eine scheinbar gute

Lösung kann nicht helfen, wenn sie nicht aus deinem Ursprung kommt. Vor allem anderen musst du daher zu dir selbst finden. Alle Weisheit, alle Kraft, die du zur Bewältigung deiner Probleme benötigst, sind in dir bereits vorhanden. Irrst du aber umher auf der Suche nach einer Lösung außerhalb deiner selbst, dann vergibst du dir die Möglichkeit, aus dem unbegrenzten Schatz in dir zu schöpfen.

Wenn du höhere Mächte anbetest und um Hilfe bittest, bist du schon in die Zweiheit gefallen. Dein Beten kann dann, ganz gleich wie hingebungsvoll es auch sein mag, keine heilsame Wirkung entfalten. Alle Probleme, die dir widerfahren, kommen aus deinem Ursprung und können nur vom Ursprung her aufgelöst werden. Indem du immer und immer wieder alles dem Ursprung überlässt, entwickelst du dich geistig weiter und lässt Heilsames wachsen.

Du pflanzt, erntest, kochst und isst deinen eigenen Reis. Kein anderer kann dies für dich tun. Versuche also, ein tüchtiger Bauer zu werden und bemühe dich, dein Feld gut zu bestellen. Auf diese Weise wirst du imstande sein, dich selbst zu ernähren. Gehst du aber stattdessen mit der Bettelschale bei anderen hausieren, dann wirst du niemals auf Dauer satt werden. Betrüge nicht dein wahres Selbst, das dich durch Millionen von Kalpas hierhergeführt hat.

Wer sich nur auf die Kraft von höheren Mächten verlässt, missachtet das unbegrenzte Potenzial des Menschen, seine Fähigkeit, ein Buddha zu werden. Als Mensch, als am höchsten entwickeltes Tier, bist du aufgefordert, dich selbst zu ergründen.

Religiöse Konflikte

Je nach Ort und Kulturkreis trägt die Religion einen anderen Namen. Die Wahrheit aber ist eine. Nur die Art und Weise, wie die Menschen nach ihr streben, ist geprägt von Umfeld, Kultur und Denkweise. Aus diesem Grund sind die vielen unterschiedlichen Religionen entstanden. Im Grunde jedoch sind sie alle – ob Christentum, Buddhismus, Hinduismus, Islam oder Judentum – nicht verschieden. Daher sollte man sich von den verschiedenen Namen nicht verwirren lassen. Sie sind kein Grund, sich über Religion zu streiten. Streit entsteht nur, weil die Menschen streiten wollen. Nicht Gott, nicht Jesus, nicht Allah und nicht Buddha haben uns den Auftrag gegeben, miteinander zu streiten. Menschen streiten nur deshalb im jeweiligen Namen ihres höchsten Wesens, weil sie damit ihre eigene Streitlust verschleiern und entschuldigen wollen.

Die Denkweise der Menschen ist unterschiedlich, nicht aber die Wahrheit. Sogar im Buddhismus üben die Leute ihren Glauben nach ihrer jeweiligen Auffassung so unterschiedlich aus, dass es äußerlich so scheint, als handele es sich um völlig verschiedene Religionen. Wer aber erkannt hat, dass es nur eine Wahrheit gibt, für den sind alle Religionen gleich. Wenn sie auch verschiedene Namen tragen, weisen doch alle auf dieselbe Wahrheit hin. Behaupte also nicht, dass eine bestimmte Religion die einzig richtige sei. Wenn du in deiner eigenen Religion die Wahrheit erkennst und voller Hingabe nach ihr lebst, dann wirst du in tiefer

Demut erkennen, dass du und die anderen, du und die Welt, du und die ganze Schöpfung nicht zwei sind. Im Angesicht der Wahrheit verliert die Auseinandersetzung über »deine« oder »meine« Religion jegliche Bedeutung.

Anmerkungen

1 **Bhikshuni** (Sanskrit): Frauen, die volle Ordination als zen-buddhistische Nonne erhalten haben.

2 **Samini** (koreanisch, aus dem Sanskrit *Shramanerika*): Dies ist die erste Stufe der Ordination einer weiblichen zen-buddhistischen Nonne.

3 **Samadhi** (Sanskrit): Bewusstseinszustand jenseits aller Dualität.

4 **Juingong**: Daehaeng Kunsunim verwendet *Juingong* als Bezeichnung für unsere Buddhanatur. Andere Namen dafür sind: wahres Selbst, Ursprung unseres Daseins, Urgrund.

5 **Mani-Juwelen** sind runde, perlenartige Edelsteine, die von Drachen hervorgebracht werden und denen nachgesagt wird, dass sie jeden Wunsch erfüllen. Symbolisch bezeichnen sie auch die Klarheit und unbegrenzte Möglichkeit unseres wahren Selbst.

6 **Svastika-Zeichen**: uraltes buddhistisches Symbol, welches die alles durchdringende, ungehinderte Funktionsweise der Wahrheit darstellt.

7 **Hanmaum**: siehe Anmerkung 18.

8 **Buddha** (Sanskrit): der Erwachte. Ein Mensch, der alle Anhaftungen überwunden und die vollkommene Erleuchtung erreicht hat.

9 **Shakyamuni Buddha**: der historische Buddha. Er wurde im 6. Jahrhundert vor unserer Zeitrechnung als Prinz Siddharta Gautama in Kapilavastu, einer Stadt im heutigen Nepal, geboren. Er stammte aus dem Geschlecht der Shakyas (*Shakyamuni* bedeutet »der Weise aus dem Geschlecht der Shakyas«) und ist der Begründer des Buddhismus.

10 **Dharma** (abgeleitet von der Sanskritwurzel »tragen, halten«): ein Begriff mit vielen Bedeutungen: das kosmische Gesetz, die Lehre des Buddha, alle Manifestationen der Wirklichkeit.

11 **Bodhisattva** (Sanskrit): erleuchtetes Wesen, das sein Eingehen in das Nirvana aufgeschoben hat, um alle Lebewesen auf den Weg der Befreiung zu führen.

12 **Drei Welten**: die drei Sphären, in denen sich der Kreislauf aller Existenzen abspielt: die Sphäre der Begierde mit den sechs Existenzwei-

sen (Höllenwesen, Hungergeister, Tiere, Asuras, Menschen und Götter), die Sphäre der begierdelosen Körper und die Sphäre des Körperlosen. Je nach Sinnzusammenhang bezeichnen die drei Welten auch die drei Zeiten Vergangenheit, Zukunft und Gegenwart.

13 **Patriarchen**. In der Tradition des Zen-Buddhismus gibt es die Vorstellung, dass die Lehre Buddhas durch direkte persönliche Übertragung über eine Folge von Patriarchen überliefert wird. Häufig wird das Wort »Patriarchen« auch als Synonym für die erleuchteten Meister der Blütezeit des chinesischen, koreanischen und japanischen Zen benutzt.

14 **Buddhanatur**: die wahre, unveränderliche und ewige Natur aller Wesen, das wahre Selbst.

15 **Vier Arten von Geburt**: Nach buddhistischer Vorstellung kommen die Lebewesen durch eine der vier Arten von Geburt zur Welt: aus dem Ei, aus der Gebärmutter, aus der Feuchtigkeit oder durch Metamorphose.

16 **Kalpa** (Sanskrit): ein unendlich großer Zeitabschnitt, ein Weltenzyklus, ein Äon.

17 **Maum** (koreanisch): wörtlich Herz, Geist, Bewusstsein, Inneres, Denken, Gemüt. Wie im Chinesischen und Japanischen besteht auch im Koreanischen sprachlich keine Trennung zwischen Herz und Geist, die beide mit ein und demselben Wort (chin. *Hsin* oder *Xin*, jap. *Shin*) bezeichnet werden. Das Bedeutungsspektrum des Begriffs *Maum* reicht vom momentanen individuellen Bewusstsein eines Menschen über das gesamte geistige Potenzial von Geist, Herz, Bewusstsein und Denken bis hin zu dem jenseits von Raum und Zeit existierenden Bewusstsein, in dem alle Wesen und Dinge miteinander verbunden sind (vergleiche *Hanmaum*). In dieser Übersetzung wird *Maum* je nach Kontext mit GEIST oder HERZ wiedergegeben; die besondere Schrift soll dabei zur Unterscheidung von der alltäglichen Verwendung der Worte »Geist« und »Herz« dienen.

18 **Hanmaum** (koreanisch): zusammengesetzt aus *Han* (wörtlich: eins, groß) und *Maum* (wörtlich: Herz, Geist, Bewusstsein, Gemüt). *Hanmaum* steht für das universale, alles hervorbringende, mit allem verbundene, ewige geistige Bewusstsein, das im Deutschen ungefähr mit

dem Begriff »Allgeist« ausgedrückt werden kann. *Hanmaum* ist die fundamentale Einheit aller Wesen und Dinge. Im ALLGEIST ist alles miteinander verbunden. Im ALLGEIST sind materielle und geistige Welt, Vergangenheit, Zukunft und Gegenwart nicht getrennt voneinander, sondern manifestieren sich in Einheit.

19 **Dreitausend Großtausendwelten**: in der buddhistischen Überlieferung verwendete Bezeichnung zur Beschreibung der ungeheuren Größe und Verflochtenheit des Universums.

20 **Juingong**: zusammengesetzt aus den sinokoreanischen Wörtern *Juin* und *Gong*. Die wörtliche Übersetzung von *Juin* ist Besitzer, Herr, Meister. *Gong* (chin. *K'ung*, jap. *Ku*, Sanskrit *Shunyata*) heißt Leere, Leerheit. Daehaeng Kunsunim verwendet *Juingong* als Synonym für das wahre Selbst, die Buddhanatur. Im Koreanischen ergibt sich aus dem Begriff *Juingong* ein Wortspiel mit dem gleichlautenden Wort für den Hauptdarsteller eines Films.

21 **Dharmastab** (korean. *Jujangja*): im übertragenen Sinne ein Symbol für den inneren Kern, das wahre Selbst.

22 **Dharmakaya**: Körper des Dharmas, einer der drei Körper eines Buddha. Symbolisiert die Einheit Buddhas mit allem Seienden.

23 **Sambhogakaya**: Körper der Seligkeit, einer der drei Körper eines Buddha. Symbolisiert das Verweilen Buddhas in der Erleuchtung.

24 **Nirmanakaya**: Körper der Manifestation, einer der drei Körper eines Buddha. Steht für den irdischen Körper eines Buddha.

25 **Karma** (Sanskrit, wörtlich die Tat): bezeichnet das Gesetz von Ursache und Wirkung. Wie die Gegenwart durch unsere körperlichen und geistigen Handlungen der Vergangenheit bestimmt wird, ebenso wird die Zukunft das Resultat unserer jetzigen Handlungen sein.

26 **Samsara** (Sanskrit, wörtlich Wanderung): der von Geburt, Tod und Wiedergeburt gekennzeichnete Kreislauf der Existenzen in den drei Welten.

27 **Edler Achtfacher Pfad**: der von Shakyamuni Buddha gelehrte, zur Überwindung der Leiden führende Übungsweg.

28 **Maum**: siehe Anmerkung 17.

29 **Soheit** (Sanskrit *Tathata*): bezeichnet das jenseits aller Begrifflichkeiten liegende wahre Wesen der Dinge.

30 **Avalokiteshvara**: wörtlich »Der die Schreie der Welt wahrnimmt«, der Bodhisattva des allumfassenden Mitgefühls.

31 **Yaksa Bodhisattva**: der Bodhisattva der Medizin.

32 **Zufluchtnahme**: Die Zufluchtnahme zu den drei Kostbarkeiten Buddha, Dharma, Sangha ist ein zentraler Bestandteil der formellen buddhistischen Praxis.

33 **Wirrsale** (Sanskrit *Klesha*): die den Geist trübenden Eigenschaften, die die Grundlage für alle unheilsamen Handlungen bilden.

34 **Koan**: beispielhafte Handlung oder Unterweisung eines Zen-Meisters mit einem prägnanten paradoxen Problem (korean. *Hwadu*) als Kern. Koans sind ein klassisches Mittel der Zen-Schulung, das dem Schüler helfen soll, die eingefahrenen Bahnen seines Denkens aufzubrechen und zu einem intuitiven Verständnis der Wahrheit zu kommen. Oft werden die Bezeichnungen *Koan* und *Hwadu* synonym verwendet. In diesem Sinne gelten auch kurze »unbeantwortbare« Fragen wie »Was ist das?« oder »Wer bin ich?« als Koan.

35 **Guan** (koreanisch wörtlich »beobachten, betrachten, sehen«). Daehaeng Kunsunim verwendet den Begriff im umfassenden Sinne für die Erforschung des Selbst. Eine der effektivsten Möglichkeiten, das Wirken des wahren Selbst zu studieren, besteht darin, ihm alle Probleme und Schwierigkeiten anzuvertrauen im festen Glauben, dass es alles lösen kann, und dann genau zu betrachten, wie die Dinge nach dem Loslassen »kreisen«. Dieser gesamte Vorgang wird als *Guan* bezeichnet.

36 **Nichtselbst**: (koreanisch *Mu Dshim*, Sanskrit *Anatman*): neben der Vergänglichkeit und dem Leiden eines der drei Merkmale alles Seienden.

37 **Die fünf übernatürlichen Kräfte** (Sanskrit: *Abhijña*) sind: 1. die Fähigkeit, alles zu sehen, 2. die Fähigkeit, alles zu hören, 3. die Fähigkeit, die Gedanken anderer Wesen wahrzunehmen, 4. die Kenntnis vergangener, jetziger und zukünftiger Leben, 5. die Fähigkeit, unabhängig vom Körper an beliebige Orte zu gelangen.

38 **Vimalakirti-Sutra**: bedeutendes Mahayana-Sutra, in dem die Lehre der Nondualität besonders ausführlich dargelegt wird.

39 **Nirvana** (wörtlich: Verlöschen): das Ziel spiritueller Praxis in allen Richtungen des Buddhismus. Erfahrung der Einheit mit dem Abso-

luten durch vollkommene Verwirklichung der Buddhanatur.; die Erleuchtung.

40 **Der Mittlere Weg**: allgemeine Bezeichnung für den von Shakyamuni Buddha aufgezeigten Befreiungsweg zwischen Askese und Sinnenfreude, in einem weiter gefassten Sinn zwischen den Polen von Sein und Nichtsein, Bedingtem und Unbedingtem.

41 **Maya**: Name der königlichen Mutter von Shakyamuni Buddha, und zugleich Sanskrit-Begriff für die Täuschung, welche die Nichtwesenhaftigkeit aller Erscheinungen als wahre Wirklichkeit ansieht.

42 **Reines Land**: das Land, in dem ein Buddha verweilt, eine Sphäre, die frei ist, von den drei Giften: Gier, Hass und Unwissenheit. Das Reine Land ist kein geografisch lokalisierbarer Ort, sondern symbolisiert die Glückseligkeit und Freiheit des erleuchteten Bewusstseins.

43 **Vermittelnde Kräfte,** korean. *Yujeonja* und *Mujeonja*: *Yujeonja* formt die sichtbare, materielle Welt und lässt ihre Erscheinungen kommen und gehen. *Yujeonja* ist ein winziges, strichförmiges Gebilde und so klein, dass es kaum noch als Gestalt bezeichnet werden kann. Durch *Mujeonja* wiederum vermischen sich die unsichtbare und die sichtbare Welt und kreisen in Einheit. Alles, was sich durch *Yujeonja* in der materiellen Welt manifestiert, wird durch *Mujeonja* mit der unsichtbaren Welt im Gleichgewicht gehalten. Es gibt also etwas, das zwischen der geistigen und der materiellen Welt uneingeschränkt hin- und herwechseln kann. Nur etwas, das keine Gestalt hat, kann frei zwischen der unsichtbaren und sichtbaren Welt hin- und hergehen. Unter diesem Gesichtspunkt könnte man sagen, dieses Etwas gehöre der unsichtbaren Welt an. Da seine Wirkung aber in der Erscheinungswelt zu sehen ist, kann man es nicht begrenzen, sondern es gehört sowohl der unsichtbaren wie der sichtbaren Welt an.

44 **Sangha** (Sanskrit, wörtlich: Versammlung): bedeutet in der buddhistischen Terminologie »Schar« oder auch »Gemeinschaft«.

45 **Huike (487–593)**: Der zweite Patriarch des chinesischen Zen war der einzige Schüler und Dharmanachfolger des ersten Patriarchen, Bodhidharma (470–543), der als der 28. Patriarch der indischen Übertragungslinie den Buddhismus von Indien nach China gebracht haben soll. Nachdem Huike sechs Jahre unter Bodhidharma

geübt hatte, ohne Befreiung zu erlangen, kam er eines Tages zu seinem Meister und sprach: »Meister, der Geist eures Schülers hat noch keinen Frieden gefunden, bitte beruhigen Sie ihn.« Darauf die Antwort Bodhidharmas: »Zeige mir her deinen Geist und ich will ihn beruhigen!« Huike zögerte und erwiderte schließlich, er könne seinen Geist nicht finden. Darauf Bodhidharma: »Siehst du, ich habe ihn schon beruhigt.« Worauf Huike Erleuchtung erlangte.

46 **Wonhyo (617–686)**: einer der bedeutendsten Meister des koreanischen Buddhismus, bei Gelehrten und einfachem Volk gleichermaßen geschätzt für die Tiefe seiner Verwirklichung, die Weisheit seiner Sutrenkommentare und sein oft unkonventionelles Verhalten. Der Legende zufolge befand sich Wonhyo mit seinem Gefährten Uisang auf Pilgerfahrt nach China, als sie bei Einbruch der Dunkelheit von einem Unwetter überrascht in einer verlassenen Hütte Unterschlupf fanden. Nachts wurde Wonhyo von einem brennenden Durst geweckt, den er mit Regenwasser stillte, das sich in einer auf dem Boden der Hütte liegenden Schale gesammelt hatte. Morgens jedoch entdeckte er, dass die vermeintliche Schale in Wirklichkeit ein menschlicher Schädelknochen war. Von Ekel geschüttelt, musste er sich heftig übergeben und erlangte dabei Erleuchtung. Die Geschichte von Wonhyo findet sich auch in Daehang Kunsunims Buch *Wie fließendes Wasser* (ebenfalls erschienen bei Goldmann Arkana).

47 **Daean**: ein geheimnisvoller Einsiedler und großer buddhistischer Meister, über den wenig mehr bekannt ist, als dass er Wonhyos Lehrer war. Der Name *Daean* (Großer Frieden) wurde ihm gegeben, weil er von Zeit zu Zeit lauthals »Dae-an! Dae-an!« rufend durch die Dörfer und kleinen Städte der Provinz gezogen sein soll.

48 **Fünf Gebote**: ethische Richtlinien, an denen sich alle Buddhisten orientieren.

49 **Sutra**: Lehrrede des Buddha, heiliger buddhistischer Text.

50 **Tripitaka** (Sanskrit, wörtlich: Dreikorb): Kanon der frühbuddhistischen Schriften, bestehend aus drei Teilen. Der erste »Korb« enthält unter anderem die Ordensregeln für Mönche und Nonnen und ethische Richtlinien. Der zweite Korb ist die Sammlung der Lehrreden (Sutren) des Buddha. Der dritte Teil, der Korb der besonderen Leh-

ren, enthält Abhandlungen über buddhistische Psychologie und Philosophie.

51 **Mantra** (wörtlich: Instrument des Denkens, Rede): kraftgeladene heilige Silben oder Wortkombinationen, deren Schwingung bestimmten Aspekten der Erleuchtung Ausdruck verleiht.